JN409234

수 • 필 • 집

어머니

당신은 누구신지요!

이순희 지음

어머니

당신은 누구신지요!

수필집을 내며

그동안 쓴 글들을 모은 첫 수필집을 세상에 내 놓는다.

기쁨과 설렘으로 한 발짝 세상 밖으로 나서는데, 수줍은 새색시 마냥 떨린다. 내 문학의 첫출발은 초등학교 4학년 때로 거슬러 올라간다. 그 유년의 시절, 국어시간에 담임선생님이 칠판에 적어주신 한 편의 시가 시작이었다. 그 때 한하운 시인의 시를 운명처럼 만났다. 영혼을 움직이는 언어의 놀라움을 발견하고 나도 시인이 되고 싶다는 생각을 어렴풋이 하게 되었다.

동시(童詩)를 쓰고, 백일장에 출전하고, 그렇게 문학에 대한 꿈을 키우며 자랐다. 그러나 젊은 시절, 문학과의 짧은 만남을 끝으로 긴 침묵에 들어갔다. 그러나 침묵 속에서도 작은 씨앗들은 자라고 있었던 것 같다. 땅 속에서 숨죽이며 긴 침묵의 시간을 보내다 이제야 그 씨앗이 수줍게 고개를 내밀고 땅 위로 솟아나려 한다. 나는 이 지천명의 나이에 겨우 첫 수필집을 세상 밖으로 내보내는 작업을 하고 있다. 부끄럽다. 그리고 쑥스럽다.

그러나 이 느낌은 내 아들을 홀로 서게 하기 위해 세상 밖으로 밀어 낼 때의 느낌과 너무나 닮아 있다. 대견함과 불안함이 시루에 떡 쌓이듯 겹겹이 싸여 야릇한 흥분을 자아낸다. 내 글의 원천은 고향이다. 그곳은 멀리 바다가 보이는 작은 시골마을이다. 고향마을에서 바라다 보이는 그 바다는 임진왜란 때 이순신 장군이 맨 처음으로 거북선을 띄운 바다이며, 또한 유년시절 여름날의 우리의 행복한 놀이터였다. 추억이 살아있는 그 바다는 지금은 조선소가 들어서 버렸다.

그러나 해마다 봄이 되면 그 고향 바다가 생각난다.

그 바닷가 옆에는 왜구들이 승리의 기쁨으로 저들의 나라꽃인 벗나무를 심은 공원이 있다. 그곳은 해마다 봄이면 벚꽃이 흐드러지게 피었다가 화려한 꽃비를 내리는 곳이다. 오랜 역사를 간직한 그곳이 내 문학의 원천이며, 어린 시절의 추억을 만든 곳이다. 그리고 그 고향에는 다정하고 인자한 어머니가 계셨고, 자유로운 영혼의 소유자이며 풍류객인 우리 아버지가 계신 곳이다. 또한 내 인품의 한 자락에 수놓은 선(善)함을 행동으로 실천케 하신 우리 할머니의 훈계가 살아 숨 쉬는 곳이다. 하지만 지금은 모두 돌아가시고 내 가슴 깊숙한 곳에 그리움으로 살아 계신다. 그리고 늘 글 속에서 내 삶을 간섭하시며 언제나 내 글의 마중물이 되셨다.

가끔 난 내 글이 자연처럼 편안했으면 좋겠다. 순수하고 깨끗하여 바라만 보아도 기분 좋아 누구나 편히 쉴 수 있는 뒷동산 같은 그런 쉼터가 되고, 공원에 소리 없이 내리 앉는 따사로운 가을 햇살 같은 글이 되길 꿈꾼다. 그리고 은은한 향기가 묻어나 허우룩한 마음을 채워주는 따뜻한 글이 되기를 소망한다. 그런데 아직은 멀었다. 다만 그런 날이 오기를 꿈꾼다. 끝으로 이 책이 출판되기까지 물신양면으로 도움을 주신 박숙희 선생님께 진심으로 감사드린다. 그리고 든든한 아들 훈재와 딸 혜미, 늘 말없이 도와준 남편께도 고마움을 전하고 싶다.

2011. 9. 30
이 순 희

목 차

제2부 그분은 하늘의 별이 되다

제3부 그때의 그 기억

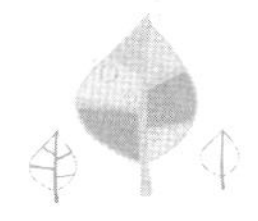

제1부
어머니, 당신은 누구신지요!

어머니, 당신은 누구신지요!

진달래꽃이 소복하게 모여 앙글거리는 모습이 눈부시게 아름답다. 야산에 너즈러지게 피어올라 소박한 아름다움을 자아내는 그 꽃이 가슴 아려 가던 길을 멈추고 한참을 바라보았다. 화려하지 않으면서도 그윽한 그 모습이 누군가를 참 많이 닮았다고 생각하며 가만히 바라보았다. 그런데 그 연분홍 꽃잎 사이로 팔순이 되신 내 어머니의 풋풋하고 꾸밈없는 모습이 떠올랐다. 눈물이 핑 돌았다.

얼마 전 허리가 아프시다며 물리치료를 받기 위해 병원이 가까운 우리 집으로 오신 어머니가 생각났다. 딸이 시집간 뒤로 처음으로 딸네 집에서 머무르게 되신 것이었다. 당신이 말씀하시기를 '몸이 성할 때 딸네 집에 와서 살림도 좀 거들어 주고 하면 좋을 텐데…….' 말끝을 흐리시는 어머니는 당신이 몸이 아파서 의탁하게 된 것을 대단히 미안하게 생각하고 계신 것 같았다. 아침마다 아이들 학교 챙겨 보내랴, 직장에 출근하랴, 바쁘고 정신없이 허둥대는 딸의 모습을 보고 측은하게 생각하셨던 모양이었다.

하지만 나는 어머니가 함께 계신다는 그 자체가 그지없이 좋고, 한없이 포근하고 아늑하였다. 남편은 어머니를 병원에 모시고 가서 치료를 받으시게 했다. 그런 날이 보름 이상 계속되었다. 그런데 이상한 것은 어머니를 모신 처음 며칠간의 그지없이 좋고 편안한 마음이 조금씩 짜증을 내고 귀찮아하는 마음으로 바뀌고 있다는 것을 어느 순간 깨닫게 되었다.
'긴 병에 효자 없다.', '한 아버지는 아홉 아들을 키울 수 있지만, 아홉 아들은 한 아버지를 봉양하지 못한다.'라는 우리 속담들이 생각나면서 그 동안 찍죽거렸던 나 자신이 부끄럽고, 미안해서 내 이런 마음을 어머니께 들키지 않으려고 무던히 노력했다. 그리고 하루에도 몇 번씩 이런 속담들을 떠올리며 자드락나지 않도록 나 자신을 다독거렸다. '내가 겨우 이 정도밖에 아니었구나.' 끊임없이 어머니로부터 받기만 했지, 드릴 줄 몰랐던 내 자신이 참 많이 부끄러웠다. 그리고 철없던 젊은 시절 나를 조금은 어른스럽게 만든 사건이 생각났다.

아주 추운 겨울 날 아침. 출근길의 나의 구두는 항상 따뜻했다. 옛날 집이라 밤새 바람이 많이 들어왔고, 다른 신발들은 꽁꽁 얼어 버린 것처럼 딱딱했지만, 유독 나의 구두만은 부드럽고 따뜻했다. 그러나 난 별 다른 생각 없이 '아, 따뜻해서 참 좋다.' 하며 얼마동안의 추운 겨울 아침의 출근길을 신명나고 푸지게 보냈다. 그런데 어느 날 아궁이 앞에 쪼그리고 앉아 내 구두를 불에 쪼이고 계시는 어머니의 모습을 우연히 보게 되었다. 그날 아침 내 가슴은 저리도록 아파 왔다. 난 아픈 가슴을 안고, 회한의 눈물을 쏟으며 출근했다. 그리고 '이제는 내가 어머니께 받은 사랑을 돌려드려야 될 차례구나.' 하는 조금은 어른스런 생각을 하게 되었다. 하나님이 당신의 사랑을 베풀기 위해 우리에게 어머니를 보냈다는 것을. 그리고 사랑은 퍼주면 퍼 줄수록 솟아나는 샘물 같은 것이라는 것을 그때 새삼스레 느꼈다.

팔순이 되신 어머니는 밤낮으로 울어대는 두견새의 한 맺힌 피가 꽃으로 변한 그 진달래꽃처럼 설움의 삶을 살아오셨다. 그 설움의 삶을 그래도 묵묵히 견디며 살아오신 어머니의 모습이 철없던 어린 내겐 너무 바보스럽게 보였다. 그리고 그런 어머니의 모습이 너무 싫었다. 그런데 어머니께서 왜 묵묵히 견디며 사셨는지 이제는 그 마음을 알 것 같다. 어머니는 우리들의 울타리였으며 그 어린 우리들을 지키시기 위해 묵묵히 참으셨다는 것을. 그런 어머니가 계셨기에 그 딸들이 다들 각 분야에서 나름대로 자신의 삶을 당당하게 살게 되었다는 것을 깨닫기까지 꽤 오랜 세월이 걸렸다.

우리네 어머니들은 자식들에게 뭐든 주지 않고는 견디지 못하고, 주고 싶어도 줄 게 없어서 미안하다고 하셨다. 그러나 오늘날, 어머니가 된 우리들의 모습은 어떤가. 너무 많이 주어 자녀들이 탈이 난다. 또 기대치에 미치지 못하면 못한다고 안달을 낸다. 사방에 진달래가 지천으로 필 때면 소박하면서도 은은한 자태를 지닌 우리 어머니를 떠올리며 가슴에 한 아름 사랑을 담게 된다. 그리고 스스로 행복해지고, 그 행복을 나누고 싶어진다. 어머니는 나에게 가슴 시린 그리움이다. 그리고 언제나 내 가슴속에 그리움의 대상으로 깊숙이 자리 잡고 있는 그 어머니를 사랑한다.

진주 촉석루에 올라

저녁 산책에 나선다.

우리 아파트 앞에 1㎞가량 펼쳐진 녹지공원의 숲길을 걷는다. 공원에는 아직 덜 익은 열매를 주렁주렁 매달고 힘겹게 가지를 죽 늘어뜨린 감나무와 모과나무가 있다. 조금 있으면 모과는 노르스름하게 영글어 산책길의 뭇 시선을 사로잡을 터이고, 감도 빨갛게 익어 입맛을 다시게 하겠지. 그런데 중국단풍나무에는 매연이 시커멓게 내려앉아 단풍잎이 힘겨워하고 있다. 비가 한줄기 와서 겹겹이 싸인 시커먼 매연을 씻어갔으면 좋겠다는 등. 이런저런 생각을 하며 공원의 구불구불한 산책길을 천천히 걸어본다. 노부부가 공원 잔디위에 앉아 도란도란 정겹게 이야기를 나누고 있고, 벤치에 앉은 젊은 부부는 유모차에 아이를 태우고 나와 초가을 오후의 여유를 즐기고 있다. 공원이 끝날 지점에서 공원 앞을 도도하게 흐르는 강변으로 방향을 바꾼다. 이 강변의 산책로는 진주성과 연결되어 있어 이 성(城)을 한 바퀴 휘돌아 나오는 것이 나의 산책코스다.

진주(晉州)라는 도시는 그 이름에서 느껴지듯 깨끗하고 여유 있는 고품격도시(高品格都市)다. 우선 맑은 남강(南江)이 진주 시내를 S자 곡선을 그리며 유유히 흐른다. 그리고 그 남강에는 임진왜란 때 민(民), 관(官), 군(軍)이 왜군과 맞서 싸우다 장렬히 순국한 비운의 역사를 지닌 진주성(晉州城)을 옆에 끼고 있다. 진주성은 성곽둘레가 1,760㎞이고, 그곳에는 남강을 내려다보고 있는 촉석루(矗石樓)가 있다. 북쪽에 부벽루가 있다면 남쪽에는 촉석루가 있다고 할 정도로 진주의 상징이자 영남 제일의 아름다운 누각이다. 전시에는 장졸(將卒)을 지휘하던 지휘소로, 평시에는 선비들이 풍류를 즐기던 곳이다.

서문의 계단을 올라가면 오랜 역사를 말해주는 느티나무 한 그루가 늠름하게 서 있다. 그 앞에 임진왜란 때 왜군과 싸우다 순국한 분들을 모신 호국사와 창렬사가 고즈넉한 분위기를 한결 더해준다. 그 앞에서 잠깐 고개를 숙이고, 성벽을 따라 천천히 걷는다. 성벽에는 파르스름한 이끼와 성벽을 타고 넘는 담쟁이가 오랜 세월의 흔적을 이야기하고 있다. 손으로 성벽을 쓰다듬어 본다. 세월 저쪽의 기운이 전해져 오는 듯한 전율을 느끼며 마음은 이미 경건함으로 바뀐다. 네모난 돌로 겹겹이 쌓아올린 성벽은 세월의 무게로 단단히 굳어 있다. 성벽 곳곳에 난 네모난 작은 구멍으로 눈을 부릅뜨고 왜구를 향해 총통(銃筒)의 총구를 겨누고 있는 병사들의 결의에 찬 모습이 아른거린다. 옛 사람들의 충혼(忠魂)이 성벽 틈 사이마다 서려 있다. 가난한 백성들이 성벽을 기어오르는 왜구들의 불손한 손톱자국 하나도 용납하지 않기 위해 돌멩이와 뜨거운 물을 쏟아 붓는 그 열정과 왜구를 물리치기 위한 처절한 싸움으로 목숨을 잃은 고인(故人)들의 넋이 성벽 틈새마다 박혀 있다.

선조25년 (1592년) 10월, 성(城)안 백성과 병사 3800여명을 이끈 김시민 장군이 왜군 2만을 물리친 진주대첩과 이듬해 6월 왜군 10만여 명이 다시 침략해 옴으로써 7만의 민(民), 관(官), 군(軍)이 이에 맞서 싸우다 모두 순국한 곳, 진주성. 이 비운의 역사를 지닌 진주성을 지금은 그 성벽 밑으로 흐르는 남강물이 그 아픔을 다독거리고 있다. 성벽을 따라 조성된 길을 걷다보면 납작한 돌멩이가 박힌 길과 계단이 있다. 울퉁불퉁 그다지 편안한 길은 아니다. 마치 납작한 돌멩이마다 순국한 옛 사람들의 이름이 각인(刻印)된 느낌이 들어 걸음을 옮길 때마다 발밑을 살피며 조심스레 걷게 된다. 이런 버릇은 10여 년 전, 미국 샌프란시스코 금문교를 방문했을 때, 금문교 건설현장에서 돌아가신 노동자들의 이름을 새긴 납작한 블록들을 공원 바닥에 깔아 놓은 것을 보았다. 그 때 그 길을 걸으면서 왠지 미안한 마음에 발걸음이 조심스러웠다. 이 성 안에 있는 성벽 하나하나에 그리고 바닥에 깔린 납작한 돌멩이 하나마다 거룩한 혼이 서려있는 듯 옷깃을 여미게 된다.

북장대를 거쳐 남쪽에 있는 촉석루에 올라 왜구를 향해 눈을 부릅뜨고 호령하는 김시민 장군의 모습을 상상해 본다. 임진왜란 3대 대첩으로 불리는 진주성 대첩의 치열함이 촉석루 누각의 팔작지붕에 얹힌 기왓장 속에 오랜 세월과 함께 고이 묻혀 있다. 그리고 옛 선비들이 이 누각에서 풍류를 즐겼을 정도로 멋진 풍광을 자랑한다. 과연 노래와 시(詩)가 절로 나올 만큼 멋진 곳이다. 진주 기생 논개도 평소 이곳에서 시를 짓고 노래를 부르며 술을 따랐을 것이다. 그러나 그녀는 충절을 지닌 여인이었다. 이 촉석루에 올라, 치마폭을 펼치고 누각에 다소곳이 앉아 푸른 남강과 그 누각 아래 솟은 의암(義岩)을 비장한 마음으로 내려다보고 있는 400여 년 전의 한 여인 논개를 그려본다. 뭇 사내의 애간장을 녹이는 고혹적인 매력을 지닌 그 여인은 승리의 기쁨에 젖어 있는 왜장(倭將)을 결코 용서할 수 없었다. 논개는 왜장을 이 바위로 유혹하여 승리의 축배를 들기 전에 왜장을 안고 함께 푸른 강물에 뛰어 들었던 것이다. 왜장을 안은 그녀의 열 손가락마다 쌍가락지가 끼여 있었다. 이렇게 한 여인의 충절은 실의에 빠진 진주시민들에게 용기와 희망으로 되살아났다.

역사는 그녀를 충절의 여인으로, 그 위험한 바위를 의로운 바위 '의암'이라 하며 그녀를 추억하고 있다. 그 충절의 역사는 세월과 함께 성장한다. 논개의 쌍가락지는 진주교의 난간을 떠받치는 교각에 누른 구릿빛의 쌍가락지로 조형되어 오늘도 진주성을 지키고 있고, 진주시민들은 해마다 남강에 유등(油燈)을 띄워 서럽게 산화(散華)한 충혼들을 달래고 있다. 촉석루에 올라 강물과 함께 흘러간 뭇 생명들을 추억하며 오늘을 살아가는 나는 세월 저편에 새겨질 또 다른 역사를 위해 조용히 옷깃을 여민다.

툇마루가 되는 일

등에 땀이 질퍽하게 흐른다. 벌써부터 팥죽 같은 땀을 흘리고 있으니, 올 여름도 지독한 열기를 뿜어내려나 보다. 해마다 더위가 찾아오는 이맘 때가 되면 항상 떠오르는 곳이 있다. 그곳은 아득한 원시림의 소리들을 만들어 내는 고향 앞산의 대부분을 차지한 울창한 대나무 숲이다. 앞산은 사철 내내 어린 우리들에게 멋진 놀이동산이었는데, 그 땅에 푸른 대나무 숲이 만들어지는 과정은 정말 놀랍고 신기하기만 했다. 그리고 그 넓은 앞산이 대나무 몇 뿌리에게 땅을 빼앗기고 서서히 사라져가는 모습은 너무 기막히고 어처구니가 없었다. 그리고 아주 충격적인 사건으로 내 기억 속에 남아있다.

코흘리개 꼬맹이 시절, 이웃 대나무밭에서 땅속으로 몰래몰래 대나무 뿌리 몇 개가 우리 산으로 건너왔다. 첫 해에는 서너 개의 죽순이 살포시 얼굴을 내밀더니, 그 다음해부터는 아예 기세등등하게 솟아나기 시작했다. 아버지께서는 우리 산으로 건너온 그 죽순들을 처음에는 뽑아내곤 하셨다. 그러나 그 다음해부터는 감당하기 버거우셨는지 죽순 뽑는 것을 아예 포기하시고 말았다. 그리고 산 자드락의 대부분을 차지하고 있던 밤나무며 산버들나무, 아까시아나무 등 그동안 주인 노릇한 나무들을 여지없이 잘라내고 그 대신 대나무를 주인으로 들여앉혔다.

결국 몇 뿌리의 죽순이 야금야금 내 어린 시절의 놀이동산을 갉아먹어 버렸다. 어린 우리들은 몇 년 사이에 5월의 달짝지근한 아카시아 꽃과 알싸한 밤꽃의 향기를 잃어버렸고, 가을볕에 불거진 알밤 따는 즐거움조차 대나무에게 빼앗기고 말았다. 그 대신 굵직굵직한 왕대나무들의 쭉쭉 뻗은 모습들을 보며 시원스런 여름을 보내리라 상상하며 그나마 위안을 얻었다. 대나무 숲이 만들어내는 시원한 그늘과 대나무 숲에서 나오는 서걱서걱하는 괴기한 소리는 무더운 여름의 짜증을 날려 보내기에 딱 좋았다. 그러나 대나무 숲에서 들리는 '사각사각' 하는 소리는 대나무 숲의 어둑어둑한 짙은 그늘과 연관되어 어린 나에게는 그저 무섭기만 했다. 눈에 보이는 실체가 무서운 것이 아니라 보이지 않는 소리도 충분히 무서울 수 있다는 것을 어린 나이에 깨닫게 된 것이다. 대나무 숲에서 들려오는 괴기스런 소리는 더위를 쫓고도 남을 정도로 냉기를 품고 있었고, 또한 소름끼칠 정도의 오싹함을 지니고 있어 그 소리를 듣는 것만으로도 온몸이 서멀서멀하여 가닐거렸다. 어린 나는 대나무 숲에서 나는 소리가 무서워 가까이 갈 엄두는 못 내고 그저 멀리서 바라만 보는 것으로 만족해야 했다. 대나무 숲은 어린 나에게는 가까이 다가가기엔 너무 무서운 당신이 된 것이다.

그런데 앞산에 있는 대나무 숲을 가장 잘 볼 수 있는 곳이 바로 작은 집 아래채에 딸린 툇마루였다. 그곳은 누워서도 앞산과 대나무 숲을 볼 수 있어서 좋았다. 툇마루에 누워 있으면 시원한 바람이 막힘없이 통과하였고, 때로는 툇마루에 걸터앉아 집 앞에 펼쳐 있는 들판의 곡식들과 이름 모를 꽃들을 보며 지루한 여름의 권태로움에서 벗어날 수 있어 더욱 좋았다. 비록 퇴락하여 삐꺽거리는 볼품없는 툇마루였지만 그곳은 길을 가는 사람들이 잠시 쉬었다 갈 수도 있고, 어쩌다 입담 좋게 야스락거리며 풀어놓은 이야기자락에 넋이 빠져 시간가는 줄도 모르고 덩달아 새롱거렸던 어린 우리들의 추억이 묻어 있는 곳이기도 하다.

얼마 전에 안도현의 「툇마루가 되는 일」이란 시를 읽으면서 '툇마루'에 대해 생각하게 되었다. 그리고 나도 툇마루처럼 시원하고 편안한 사람이 되고 싶었다. 겨울에는 햇볕에게 자리를 내어주고, 여름에는 바람이 술렁술렁 지나갈 수 있도록 해주는 툇마루처럼 욕심 없이 내 것을 줄 수 있는 그런 사람이 되고 싶다. 시인처럼 나도 툇마루가 되어서 밤하늘의 별이 몇 되박이나 되는지 누워 헤아려보는 한여름 밤의 낭만을 알고, 누구에게는 아련한 그리움을 일으키는 사람이 되고 싶고, 때로는 가지런히 썰어놓은 애호박이 오그라들며 말라가는 냄새가 묻어나는 그곳에 빗물이 훌쩍이며 콧물을 찍어 바르고 가도 용서할 줄 아는 마음을 지닌 툇마루 같은 그런 사람이 되고 싶다. 한겨울 눈발이 비칠거리며 찾아와 흰 페인트칠을 해놓고 가도 짜증내지 않고, 때로는 햇볕이 턱하니 한나절 동안 걸터앉았다가 가도 좋을 만큼 푸근하고 편안한 그런 사람이 되고 싶다. 햇빛과 바람과 눈발에게 아낌없이 나를 송두리째 내어놓을 수 있는 툇마루처럼 마음이 가난한 사람이 되고 싶다. 그런데 나 혼자밖에 아낄 줄 모르는 내가 과연 툇마루가 될 수 있으려나. 다만 마음 한 구석에 꽉 차있는 세상을 향한 욕심들이 솔래솔래 빠져나가기를 스스로에게 바래본다.

'마음이 황폐한 사람은 남의 것 빼앗기를 즐거워해도 마음이 따뜻한 사람은 빵 한 조각도 나누려고 한다.' 는 글귀를 보면서 내 어릴 때 할머니께서 늘 하신 '콩 한 조각도 나눠 먹어라'고 당부하신 그 말씀이 새삼스럽게 떠오른다. 그때 내 할머니는 벌써 어린우리에게 툇마루처럼 그저 댓가 없이 타인을 사랑할 줄 아는 사람이 되기를 바라셨던 것이다. 타인이란 미처 만나지 못한 내 가족인 것을 이미 아셨던 것이다. 어른이 된 지금의 나는 대나무 숲에서 들려오는 괴기스런 소리가 무서운 것이 아니라 야금야금 남의 영역을 침범한 그 행위가 소름끼치도록 얄밉다.

하지만 그것도 자연의 순리인 것을 어쩌랴. 한겨울 햇살에게 아낌없이 자신을 내어 준 툇마루와 나의 뇌리 속에 각인된 대나무 숲이 내 마음속에 함께 머무는 한 나는 어쩔 수 없는 고민에 빠진다. 지금은 빈집이라 주인 없는 툇마루에 바람만이 잠시 머물다 가고, 지나가는 먼지는 떠나기가 아쉬워 차곡차곡 쌓여 있다.

살림내기

'엄마, 저 빨리 갈게요.'

'벌써?'

올봄에 대학 입학한 아들 녀석이 원룸으로 이사 가는 날이다. 부모는 마음이 짠한데, 떠나는 녀석은 싱글벙글한다. 녀석은 한시라도 빨리 떠나고 싶은 마음이다. 약간의 흥분과 설렘을 가지고 떠나는 녀석을 보며 '고등학교 3년 동안 어떻게 참고 살았을까!'하는 얄미운 생각이 드는 한편, 힘든 시절을 잘 견뎌낸 녀석에게 '이제 마음껏 네 꿈을 펼쳐보렴.' 하는 격려를 보내는 부모의 마음은 여전히 불안하다. 이 사회가 결코 호락호락하지 않는데…….

젊은 시절에는 고향을 떠나 자유롭게 살고 싶은 마음과 그 속에 품고 있는 환상의 섬이 있다. 이 녀석도 빨리 부모 품을 떠나 마음껏 날고 싶을 것이라 이해는 하지만 한편으론 서운하다. 이렇게 떠나는 것이 아마 부모 둥지를 떠나는 첫 날갯짓이리라. 파닥거리며 어설프게 날아오르다 어느 순간에는 자유로운 비상을 할 것이다.

아들 녀석을 떠나보내면서 내 젊은 시절, 첫 직장생활 할 때 가졌던 두려움과 설렘이 새삼스레 떠오른다. 그땐 혼자 자취생활을 했다. 그 첫날밤을 지금도 잊을 수 없다. 짐을 풀고 혼자 방바닥에 드러누웠을 때 그 해방감. '아, 이제 내 세상이다.'하며 쾌재를 불렀었다. 대가족 속에서 나만의 공간이 없었던 시절, 옷가지 하나도 언니들 입던 것을 물려 입었던 나로서는 얼마나 기뻤으면 마음속으로 만세 삼창을 불렀겠는가.

그러나 그것도 잠시, 며칠 뒤 가족이 보고 싶었다. 언니들의 간섭, 할머니의 잔소리, 대가족 속에서 북적거리며 티격태격하던 모습까지도 그리웠다. 주말만 되면 부리나케 고향으로 달려가곤 했다. 그러면 어머니는 내가 평소에 즐겨먹던 음식을 해주셨다. 제일 기억나는 것은 저녁 늦게 도착한 내가 밥상을 받아 혼자 먹고 있을 때, 다른 가족들은 빙 둘러앉아 내가 밥 먹는 모습을 지켜보셨다. 특히 어머니는 안쓰러운 표정으로 '이것도 먹어봐라. 저것도 먹어봐라' 하시면서 소박한 저녁상을 차려 주셨다. 그땐 어찌나 맛있던지. 지금은 아무리 맛있는 음식을 먹더라고 그때의 맛을 따라 가지 못한다.

그런데 내 아들 녀석도 그럴까! 모르긴 몰라도 혼자서 밥 차려 먹는 것이 예삿일은 아닐 것이다. 며칠 전 흥분된 목소리로 '엄마, 김치찌개는 어떻게 끓여요?' 하며 전화를 했다. 처음 해보는 것이라 나름 흥미를 느끼고 흥분할 만하다고 생각하며 설명을 해주었다. 아무리 자세히 설명을 한다고 해서 제대로 할까만 그래도 마음속으로 '그래 이제 홀로서기가 시작되는구나.' 하며 안타까운 마음을 누르고 격려를 보냈다. 누구나 때가 되면 부모의 둥지를 떠나는 것이 인지상정(人之常情)이지만 부모는 자식이 집을 떠나 고생할까봐 걱정을 한다. 정작 떠나는 본인은 이토록 즐거운데 괜한 걱정을 하고 있는 것은 아닌지.

요즈음 젊은이들은 똑똑하고 영리하다. 할 줄 모르는 게 없을 정도로 야무지게 일을 처리하고, 자신의 주장도 분명하다. 그래서 시원시원한 느낌이 든다. 그들의 언어를 빌리자면 쿨한 것이다. 그렇지만 자식은 아무리 성장해도 부모 앞에서는 늘 어린애인 것을. 잘 해낼 줄 알면서도 걱정이다. 이게 부모 마음인가 보다. 아들 녀석은 주말이 되면 부리나케 온다. 그땐 온 식구가 거실에 나란히 누워서 이런저런 얘기하다가 밤을 꼴딱 샌다.

30년 전에 내가 그랬던 것처럼.

할머니와 가을 손님

추석에 선산(先山)에 갔다. 집이랑 가까워서 오고가며 자주 들러보는 곳이다. 그곳에 가면 얼굴도 모르는 할아버지로부터 그 윗대 조상을 비롯해 어머니, 아버지도 만날 수 있다. 내려쬐는 햇살이 고루 비춰 산소가 그나마 아늑해 보인다.
그에 비해 그 주변 풍경은 조금 어수선하다. 임야(林野) 한 모퉁이를 차지한 대나무 밭은 점점 그 영역을 넓혀오고, 산소 뒤쪽으로는 전통한옥 음식점이 들어선다고 한창 단장(端裝) 중에 있다. 산소에 누워계시는 분들의 머리도 꽤 혼란스러울 것 같다.

산소가 있는 임야(林野)의 한 모퉁이를 차지하고 있는 대나무 밭을 볼 때면, 오래 전 죽제품(竹製品)을 팔러 오셨던 떠돌이 장수가 생각난다. 한 세대가 지난 오래 전의 일이지만, 그분은 해마다 가을철만 되면 어김없이 우리 집에 오시는 가을 손님이었다. 처음에는 먼 일가친척인 줄 알았다. 그 시절 식구는 많은데, 그 비좁은 집에서 일주일씩 꼬박꼬박 묵고 가셨으니까.

그런데 어느 해, 죽제품을 팔러 오신 이 아저씨가 묵을 데가 없다는 것을 아시고 할머니께서 우리 집에 하룻밤을 머물게 하셨던 것이다. 그것이 인연이 되어 거의 십 년 동안 가을이면 어김없이 찾아오시는 가을 손님이 되신 것이다.

구수한 전라도 사투리를 쓰시는 그 아저씨는 해마다 죽제품을 주렁주렁 짊어지고 오셨다. 그리고 우리 집에 짐을 풀어놓고 낮에는 이웃동네로 다니시며 물건을 파시고, 밤에는 우리 집에서 주무셨다. 부드럽고 착착 감겨드는 말투로 이야기를 풀어놓을라치면 어린 우리들은 그 이야기에 넋을 잃고 시간 가는 줄도 몰랐다. 이것이 내 유년시절, 가을을 생각할 때면 떠오르는 즐거운 풍경의 한 부분이다.

할머니 덕분에 우리 집에는 손님이 늘 많았다. '힘든 시절, 서로 불쌍히 여기며 도와야 한다.'며 집에 오시는 손님은 그냥 돌려보내지 않으셨다. 없는 살림에 불평 하나 없이 손님 뒤치다꺼리에 힘든 것은 어머니뿐이었고, 할머니 덕분에 어린 우리들은 신바람이 났다. 그러나 정말 대단한 것은 우리 할머니셨다. '콩 한 알이라도 나누어 먹어야 한다.'고 어린 우리들을 앉혀 놓고 늘 말씀하셨던 할머니는 당신의 말씀을 몸소 실천하시며 그 본(本)을 우리에게 보여주셨던 것이다.

그리고 '하느님이 우리에게 손을 두 개 주신 것은 하나는 나를 위해 쓰지만, 나머지 하나는 남을 위해 선(善)한 손길을 베풀어라고 주신 것이다.'라는 말씀도 덧붙였다. 그 덕분인지 우리 식구들은 모두 할머니를 조금씩 닮아갔다. 할머니가 돌아가시고, 어머니가 할머니처럼 손님을 모으셨다.

요즈음 경제가 힘들다고 야단이다. 그리고 여기 저기 들리는

건 한숨 소리다. 나이 들어 살림을 살면서 깨달은 것이지만 내 것을 남에게 준다는 것은 여간 힘들지 않다는 것을 알았다. 그리고 욕심은 끝이 없다는 것을. 그래서 남을 돕는다는 것은 '하느님이 우리에게 빚진 것이다.' 할 만큼 그 행위가 아름다운 것이 아닌가! 그런데 채워도 끝없이 허전한 마음은 도대체 무엇 때문인지 힘든 시절 용케 버틴 그분들께 그 지혜를 배우고 싶다.

추억의 얼굴들

‘저 사람이 누구지!’

입구에 들어오는 중년 부인과 노신사를 살피며 빛바랜 흑백 앨범을 펼쳐놓고 열심히 숨은 얼굴 찾기를 했다. 아무리 눈 여겨 봐도 앨범 속의 소년, 소녀들은 그저 천진난만한 개구쟁이 모습들뿐이라 도저히 찾을 수가 없다. 일행 중 누군가 친구의 이름을 부르면, 그 이름을 듣고 앨범 속 까까머리 소년과 이마가 벗겨진 노신사와의 닮은 점을 찾고, 통통한 중년 부인의 얼굴에서 단발머리 소녀의 얼굴을 찾기 시작했다. 도대체 어떤 부분이 닮았다 말인가, 고개를 몇 번 갸웃거리고 난 뒤, 그제야 주름살 밑에 숨겨진 개구쟁이의 천진함이 드러나면서 그 때의 추억들이 하나씩 떠올랐다. 그렇게 초등학교 동창회 전야제는 시작되었다.

졸업한 지 40여 년 만에 만난 얼굴들이다. 가까이 살고 있는 친구는 간혹 한 두 번씩 봤지만 그야말로 강산이 네 번이나 바뀐 뒤에 만나는 친구들은 도저히 알 수가 없다. 기억도 까맣게 잊혀 정말 흑백 앨범처럼 희미하다. 우리의 기억은 묻어두면 묻어둘수록 캄캄한 어둠 속에 묻히게 되나보다.

그런데 참 희한한 일은 그 어둡던 기억들이 앨범을 들칠 때마다 하나씩 되살아나기 시작한다는 것이다. 옆에 앉은 중년 부인은 초등학교 시절, 쉬는 시간만 되면 치마를 팔랑거리며 고무줄놀이를 했던 단짝 친구였고, 소꿉놀이할 때 아빠 역할을 맡아했던 머슴애는 벌써 머리에 서리가 내려앉았다. 머리가 훤히 벗겨진 오십 대의 중후한 노신사를 보며 여자애들의 고무줄을 끊고 다녔던 밉살스런 머슴애의 모습을 누가 감히 상상할 수 있겠는가. 참 오랜 세월 잊혔던 친구들이었다.

초등학교 졸업과 동시에 헤어진 친구들이 대부분이라 기억조차 까맣다. '도대체 저 친구가 나의 친구였던가.'할 정도로 생소하다. 참 무심한 세월이다. 그만큼 애정을 쏟지 않았다는 것인가. 아니면 추억을 나눌 만큼 친한 사이가 아니었던가. 그런데 다행한 일은 철없던 행동을 했던 그 시절 친구들에 대한 서운한 감정이 있거나 미운 사람이 없다는 것이다. 그 대신 그 시절을 떠올리면 빙그레 웃음 짓게 하는 행복 바이러스가 작동된다. 감기 걸린 어린 제자에게 창문의 커튼을 내려 덮어주었던 선생님이 계셨는데 어찌 행복하지 않을 수 있겠는가. 나는 지금도 창문에 드리워진 커튼을 보고 가끔 빙그레 웃음을 띠게 된다. 이 버릇은 내가 그 추억을 간직하고 있다는 증거이리라.

행복은 누가 내 곁에 있느냐에 따라 달라진다. 어떤 교수는 '행복은 한 편의 그림으로 그릴 수 있어야 한다.'고 했다. 비록 어렵고 힘든 시절이지만 가족이 있고, 같이 키득거리며 노는 친구가 있었기에 행복할 수 있었다. 나는 그 시절을 내 생애 가장 행복하고 평화로운 시절이라 말하고 싶다. 물질적으로는 풍족하지 못하더라도 가장 많은 행복한 장면을 그림으로 그려 낼 수 있다.

당연한 것인지도 모른다. 하기야 경제적으로 어렵다 할지라도 그것은 어른들이 감당할 몫이었지, 어린 우리들의 몫은 아니었다. 우리는 그저 열심히 놀고, 고작 집안 일 돕는 것이 우리가 할 일의 전부였다. 얼마나 행복한가! 그리고 가족을 위해 가끔 웃음꽃을 선사해야 하는 것이 어린 우리가 감당해야 할 일이었지만 그건 그다지 어려운 것도 아니었다.

올해 동창회 주관기라 초등학교 졸업 후 처음 만난 친구들이 너무 많았다. 칼릴 지브란의 '추억이란 희망의 길에서 발에 걸리는 돌멩이이다.'라는 말처럼 어린 시절의 추억이 잠깐 발에 툭 걸렸다. 그래서 가던 길을 멈추고, 잠깐 주위를 살펴보게 되었다. 빛바랜 흑백 앨범 속의 단발머리 소녀는 어디가고, 까칠한 얼굴에 세월의 흔적이 내려앉은 낯선 중년부인이 자리 잡고 있었다. 탱탱하고 귀엽던 얼굴은 세월에 묻혀 버리고, 푸석한 얼굴에 자리 잡은 주름이 지난 삶을 말해 주었다. 서로 말하지 않아도 사는 형편을 읽어낼 수 있는 혜안(慧眼)을 지녔기에 그저 바라보며 한동안 말을 잊었다.

어렵고 힘들었던 시절의 친구들이기에 서로에게 더 애틋한지도 모른다. 그리고 다들 잘 견뎌온 지난날을 서로 격려하며 시간가는 줄도 모르고 밤새 이야기꽃을 피웠다. 프랑스 비평가인 샤를 생트뵈브는 '추억은 식물과 같은 것이라 어느 쪽이나 다 싱싱할 때 심어 두지 않으면 뿌리를 박지 못하는 것이다.' 라고 했다. 철없던 어린 시절, 순박한 감정으로 심어 놓은 우리의 추억들이 잘 영글어 있음을 알 수 있어 참으로 행복했다. 각자 살아온 인생의 흔적들 속에 꼭꼭 숨겨진 어릴 때의 추억을 떠올리며 우린 중년의 어린 악동(惡童)이 되었다.

그리움을 햇살에 묻고

아스팔트 위에 널려 있는 가을을 본다.

소도시의 변두리를 지날 때, 누런 벼를 타작하여 도로변에 널어놓고 말리는 풍경을 자주 보게 된다. 따끔따끔한 햇살에 바싹바싹 말라가는 그 낟알들을 볼 때마다 나도 저 낟알들처럼 마음 푹 놓고 널브러져 마음껏 햇살을 받으며 뒹굴뒹굴 게으름을 피우고 싶다는 생각을 한다. 때로는 주인이 와서 심심찮게 고무래로 한 번씩 뒤적거려 줄 때, 몸을 내 맡긴 낟알들의 은근한 뒤척임에 슬며시 질투까지 한다. 늦은 가을 날, 따끔거리는 햇살에 탱글탱글하게 야물어가는 낟알들의 넉살 좋은 그 모습이 너무 부럽다. 나도 바싹 마른 저 낟알들처럼 단단하게 야물어지고 싶다.

아마 행복할수록 그리움은 짙어지는가 보다.

햇살이 눈부시게 아름다운 날, 아름다운 풍경을 볼 때, 기쁨이 샘솟는 행복한 순간에 난 청승맞게 눈물이 잘 난다. 오늘 까만 아스팔트에서 가을을 말리고 있는 시골 아낙네의 구부정한 뒷모습에서 세상을 떠난 내 어머니를 떠올리며 눈물을 쏟았다.

하늘나라에 잘 계시는 내 어머니가 보고 싶은 것은 요즈음의 내 삶이 힘에 부친다는 증거다. 그리고 그 힘듦을 어머니께 투정부리고 싶어서다. 아스팔트 위에 널려 있는 낟알들도 가끔씩 뒤적여 주어야 잘 마르듯이 '내 삶도 제대로 살고 있는지 가끔 누군가 점검해 주면 참 좋을 텐데' 하는 이기적인 욕심에서다.

이런 내 마음을 벌써 알아채셨겠지만, 하늘나라 계신 내 어머니께 '나 좀 봐 달라.' 고 부탁하면 어떤 반응이실까? 모르긴 몰라도 이 땅의 삶에 질려 아마 펄쩍 뛰시면서 손사래를 치실 것이다.

엄마한테 종아리라도 한 대 맞았으면 하는 바람을 가진 사람이 이 가을에 나 뿐만이 아닐 것이다. 그런데 어쩌랴. 세상 잘못 산다고 야단치실 그 분은 아무 말씀이 없으신데. 물기 머금은 낟알이 햇살에 단단해지듯 내 여린 그리움도 가을 햇살에 탱글탱글 야물어져야지. 어머니는 가슴 아린 그리움으로 남아 있다. 그리고 그 그리움의 실체가 사라져 버린 지금은 늘 사랑이 고프다.

까만 아스팔트길의 가로수로 서 있는 노란 은행나무가 눈부시게 아름답다. 도도한 자태로 서 있는 은행나무도 겨울 준비를 위해 황금 같은 빛깔로, 황홀한 아름다움으로 이별을 고하고 있다. 사람이든 나무든 떠나보내기 위한 작업은 힘들고 고통스럽다. 잡은 손을 놓는 순간 아쉬움과 안타까운 마음은 가슴 밑바닥에 그리움으로 저장된다. 가을이 되면 주변의 많은 나뭇잎들이 다양한 색깔로 바뀐다. 이는 잎이 죽어 떨어지므로 자신을 살리는 고귀한 작업이다. 즉, 자신의 환경에 적응하기 위해 아픈 몸짓을 보내는 것이다. 이별의 아픔과 고통을 황홀한 모습으로 남기려는 나무의 그 속마음을 알기에 '얼마나 아프고 힘들까?' 하며 스스로를 위로하며 견디게 된다. 그 이별이 남긴 아름다움에 그나마 행복해지고, 유난히 반짝이는 노란 은행잎 덕분에 오늘 허우룩한 마음이 한결 밝아진다. 이 가을, 나는 그리움에 아린 가슴을 따사로운 햇살에 살포시 묻어둔다.

1달러의 위력

올 여름, 캄보디아를 다녀왔다. 동남아 여행을 다녀 온 사람이라면 누구나 알 것이다. 관광지마다 물건을 팔려고 귀찮을 정도로 따라 다니는 꼬맹이들이 있다는 사실을. 고만고만한 꼬맹이들이 물건을 팔기위해 관광객을 졸졸 따라다니면서 하는 자연스런 한국어 발음에 감탄했다. 그리고 그 꼬맹이들이 한국어 뿐만 아니라 일본어, 중국어, 영어까지 한다는 얘기를 듣고는 연방 고개를 갸웃거리며 '참 신통하다'를 연발했다.

저들의 식구들이 만들었다는 조잡한 악세서리(accessory) 팔찌를 들고 대여섯 살짜리 꼬마가 '완 달러 완 달러(one daler one daler)' 하며 끈질기게 따라 다닌다. 참 애절하다. 눈빛도 애절하고 애원하는 말투도 자꾸만 가슴에 걸린다. 그런데 한 녀석의 물건을 사 주면 그 주변에 있는 열 명도 넘는 녀석들이 사정없이 따라 붙어 귀찮게 한다는 것을 알기에 쉽게 물건을 사 줄 수가 없다. 더구나 관광보다 이 녀석들 떼놓는 것이 더 피곤했다. 보다 못해 가이드가 나섰다. 물건 파는 녀석들을 모으니 근

20명 정도가 되었다. 저들끼리 뭐라고 서로 주고받고 하더니 녀석들이 우리를 위해 노래를 불러주겠단다. 우리 일행은 잔뜩 기대를 하며 자리를 잡고 앉았다. 그들이 합창 단원처럼 줄을 서서 노래를 불렀다. '학교종이 땡땡땡…….' 그들의 노래 실력은 한국의 초등학생들과 다름없이 능숙했다. 이어서 서너 곡의 한국동요를 일사천리로 불렀다.

모국어가 아닌 말로 완벽에 가까울 정도로 노래를 불렀다는 것은 대단한 것이다. 어떻게 이 녀석들이 한국동요를 이렇게 잘 할 수 있느냐고 물었더니 몇 년 전에 한국 관광객이 물건 사라고 따라 다니는 녀석들이 안쓰럽고 너무 성가셔서 한 자리에 모아놓고 이런 저런 이야기를 하다가 노래를 한 번 가르쳤다고 한다. 그런데 이 녀석들의 노래를 들은 한국 관광객들이 기특해서 1달러를 주고 하니 저들끼리 노래 배우기에 더욱 열심이었다고 한다. 그리고 지금은 저들이 부를 수 있는 한국 동요가 제법 된다고 했다.

생존을 위해 배우는 노래와 그냥 취미로 배우는 노래는 분명 배우는 자세부터 다를 것이다. 저들은 필요에 의해 노래를 배웠기 때문에 그만큼 열성적으로 배웠을 것이다. 이 녀석들은 생존을 위해 필사적으로 노래 연습을 한 모양이다. 지금은 최신 한국가요 부르기에 도전하고 있다고 덧붙였다. 그 외에도 그들이 주로 할 수 있는 말은 물건을 팔기위해 필요한 간단한 말이다. 즉, '언니 예뻐', '언니 날씬해' 하는 정도의 말이었다. 한국 관광객을 졸졸 따라 다니면서 '언니 예뻐, 언니 날씬해' 를 수없이 되풀이 했다. 그래도 물건을 안 사주니까 그냥 화를 내며 '언니, 뚱뚱해' 하고는 포기하고 가 버렸다. 그래서 우리는 한참 웃었다.

여행을 하다 보면 1달러의 가치가 참으로 크다는 것을 깨달을 수 있다. 특히 빈곤층의 삶은 1달러가 저들의 생존과 직결된다는 것을 저들의 생활을 들여다보면 금방 알 수가 있다. 찰거머리같이 따라 다니며 '완 달러(One Daler)'를 외치는 꼬맹이들은 어른들로부터 보호를 받아야 할 처지의 여린 생명들이다. 이들을 보면서 6 · 25 전쟁의 그 소용돌이에서 우리 민족이 겪었던 고초가 떠올랐다. 1달러, 그것이 인간의 생명을 쥐락펴락하고 있다. 참으로 무섭고 위대하다. 그리고 참으로 신통하다. 그걸 벌기 위해 어린 생명들이 전쟁터와 같은 생활전선에서 '완 달러(one daler)'를 외치고 다니며, 한국어를 비롯한 다양한 언어를 습득할 수 있게 했으니. 마치 우리가 미군을 쫓아다니며 '기브 미(give me)' 하며 손을 내밀고 다녔던 그 때랑 너무 닮았다.

'앙코르왓'을 비롯한 위대한 문화유산을 가진 이 나라가 저들 국민에게 이토록 슬픈 삶을 허락할 수 있을까. 괜히 화가 났다. 우리는 톡톡이를 타고, 느긋하게 관광지를 돌며 여유로운 삶을 마음껏 누리고 있다. 저들에게 미안해 할 필요는 없지만, 우리가 가진 것들을 저들과 나누어야 할 윤리적인 책임은 있다. 캄보디아 반스레이에서 황홀한 일몰(日沒)을 구경하면서 저들의 삶도 이젠 멋진 일출(日出)을 맞아, 어린생명들이 길거리가 아닌, 저들이 있어야 할 장소에서 즐겁게 생활하기를 바랄 뿐이다.

겨울밤과 황토방

며칠 전 사진 한 장이 배달되어 왔다.

꼬불꼬불한 머리에 까만 얼굴의 소녀. 손가락으로 V자를 그리며 하얀 이를 드러내며 웃고 있는 모습의 사진이었다. 이 사진의 주인공은 내가 월드비전을 통해 후원하고 있는 모잠비크의 열두 살 된 소녀이다. '가브리엘' 이라는 이름을 가진 이 소녀를 나는 '작은 천사' 라 부른다. 보통 아프리카에서 온 사진들은 비쩍 마른 아이들의 사진이 대부분이었는데, 이 사진은 불그스레한 황토 빛이 도는 땅을 맨발로 밟고 있는 모습이 아주 당당하고 건강해 보였다. 비록 맨발이지만 건강미가 넘쳐났다. 나는 내가 후원하고 있는 녀석이 건강하다는 것에 다소 마음이 놓였다.

이 사진에는 잎사귀가 무성하여 축 처진 열대성 나무들의 푸른 빛깔이 뒤 배경으로 깔려 있었다. 그리고 금방이라도 먼지가 풀풀 날릴 것만 같은 메마른 황톳길과 까만 발가락 사이사이로 불그스레한 흙이 비죽비죽 묻어있는 모습이 너무나 선명하게 드러나 있었다. 이 사진을 통해 예측할 수 있는 환경은 우리에게 측은한 마음을 불러일으키기에 충분한데, 도리어 내 머리 속엔 자연의 축복 속에 건강하게 초원을 달리는 야생마가 떠올랐다. 그리고 이 녀석이 부러웠다. 특히 맨발로 땅을 밟고 있는 모습을 보니 내 발바닥이 간질거렸다.

나는 맨발로 걷는 것을 좋아한다. 특히 보드라운 흙을 보면 주위의 시선은 아랑곳하지 않고 신발을 벗어들고 맨발로 곧장 걷기도 한다. 우리 집 가까운 곳에 산책하기에 좋은 야트막한 뒷동산이 있다. 이 동산을 자주 오르는 이유는 운동보다는 우선 맨발로 걸을 수 있는 흙길이 있다는 것이다. 부드러운 흙이 발바닥에 와 닿을 때의 간질거리는 그 느낌! 어릴 때, 흙을 밟으며 온종일 흙 속에서 놀던 때로 되돌아가는 것 같았다. 맨발로 천천히 흙길을 걸으면 마음이 고요해진다. 그리고 발바닥에 부딪히는 흙 알갱이들로 인해 잠자던 세미한 감각들이 깨어나는 듯하다. 이런 느낌들은 시골에서 자란 나에게 아주 익숙한 것이며, 늘 그리웠던 것들이다. 그런데 지금은 사방의 콘크리트 건물에 갇혀 사는 형편이라 먼 나라 이야기 같기만 하다.

나이가 들어갈수록 흙냄새를 맡고 싶고, 그 냄새가 그립다. 그런데 시골에 가서 살 형편은 못되고, 흙냄새는 그립고 하여 차선책(次善策)으로 생각해 낸 것이 황토로 지은 찜질방이다. 이 황토 찜질방은 지리산자락에 자리 잡은 아주 원시적인 찜질방이다. 저녁밥을 먹고 자동차로 30분 거리에 있는 그 찜질방에 갔다. 가까운 곳에도 찜질방은 흔하게 있는데, 이곳을 택한 이유는 완전히 자연에 노출된 곳이기 때문이다. 참숯을 구워낸 황토 토굴 속에 앉아 있으면 몸이 먼저 편안함을 느낀다. 황토 토굴은 땀이 은근하게 흐르고, 노곤해지는 몸을 추스르기에 안성맞춤이다.

황토로 지은 토굴이라 몸이 갑갑하지 않고, 더 편안하다고 말한다. 풀풀한 흙냄새를 맡으며 땀을 흠뻑 흘리고 나면, 몸이 '이젠 살 것 같다.'고 말하는 듯하다.

한겨울밤, 노천(露天)에 놓인 평상에 앉아 적당하게 흐른 땀을 식힐라치면 산에서 내려오는 바람이 한 바퀴 휙 돌고 나간다. 그때의 그 상쾌함! 그 기분은 캄캄한 밤하늘에 반짝이는 별들 마냥 선명하다. 사방이 어둑한데 한쪽 토굴의 굴뚝에서는 하얀 연기가 퐁퐁 솟아나고, 평상에 앉아 있는 사람들의 옷에서는 뜨거운 김이 모락모락 피어나고, 토굴 안에서는 웃음소리와 이야기가 흘러나온다. 한겨울밤의 이런 모습은 사람이 만들어낸 것 중, 그나마 자연을 많이 닮은 정겨운 풍경이리라. 황토 토굴만이 갖는 은근함과 편안함은 엄마 품에 있을 때 느꼈던 원초적 감정들과 가장 닮아 있다. 나는 이런 기분 좋은 감정들을 느끼고 싶어 이 황토 토굴을 자주 찾는다.

사람은 자연 속에 있을 때 가장 건강하다. 사진 속의 소녀는 비록 맨발이지만 건강미가 넘치는 것은 자연이 그녀를 품고 있다는 증거이다. 그런데 좋은 것으로 몸을 감싸고 사는 우리는 아프다는 말을 입에 달고 산다. 이유는 뭘까. 아마 교만한 인간이 자연을 밀쳐내 버린 후유증일 것이다. 오늘도 나는 부드러운 흙만 보면 맨발로 밟고 싶어 안달이 난다. 조물주가 흙으로 사람을 빚었다고 했다. 그렇다면 인간은 흙에서 왔으니 흙과 가까이 있을 때가 가장 편안하다. 그리고 내가 맨발로 흙을 밟고 싶어 하는 것은 당연한 게 아닌가.

시골장날

이른 아침.

덜커덩거리며 달려온 시골 버스가 뿌연 먼지 속에 풀어놓고 간 아낙네들의 커다란 보따리에서부터 시골 장은 서서히 문을 연다. 이웃장터에서 다 팔지 못하고 남겨온 물건들을 널찍한 보자기에 하나 둘 씩 꺼내 놓을라치면 붉은 태양은 잠을 설치기라도 한 듯이 희미한 아침 안개에 싸여 힘껏 기지개를 펴고는 천천히 얼굴을 드러낸다. 햇살이 제법 퍼질 때쯤이면 정성껏 깎아 말린 달콤한 곶감이며 굵직굵직한 마늘꾸러미며 도라지, 고사리 등 산나물들이 산골할머니들의 올망졸망한 보따리에 싸여 시장 구경을 나온다. 큰 길을 중심으로 길 양옆으로 쭉 늘어 선 장사꾼들, 머리에 상투를 틀고 갓을 쓴 하얀 두루마기를 입고 오랜 만에 외출하신 할아버지. 서로 인사하기에 바쁜 촌부(村夫)들. 친정어머니를 만나 말없이 울먹이기만 하는 산 너머로 시집 간 딸. 사돈을 만나고 친척을 만나 그동안의 안부를 물으며 텁텁한 막걸리로 목을 축이는 날이기도 하다.

군데군데 구멍이 동그랗게 뚫린 자루 속에 숨어 실려 왔던 털이 보송보송한 예쁜 강아지들이 무르익어 가는 시골 장을 구경하기에 여념이 없다. 눈앞을 휙 휙 스쳐가는 많은 사람들과 왁작거리는 소리들에 어안이 벙벙했는지 그 녀석들 중 몇 놈은 귀를 축 내리고 스르르 눈을 감고는 아예 포기해 버리고 그래도 제법 맹랑한 녀석들은 고개를 둘레둘레하며 커다란 눈을 반짝거리며 구경하기에 바쁘다. 따뜻한 양지쪽에 자리 잡은 날개 죽지와 다리가 묶여 풀이 죽어 있는 수탉의 조그만 눈망울은 애원하는 듯 서럽게만 보인다. 담장에 올라가 홰를 치며 고고한 목청을 뽑던 기품은 마치 조그마한 눈망울에 녹아버리기라도 한 듯이. 하나 둘씩 산 너머 아낙네들이 제법 큰 물건보따리를 머리에 이고 터덜터덜한 자갈길을 걸어 겨우 도착하면 시골 장은 절정에 달한다.

'작년에 왔던 각설이
죽지도 않고 또 왔네…….'

기쁨과 설움이 어우러진 이 노래가 어느 틈엔가 흘러나오고 손수레에 머리핀, 소독 약, 실타래……. 등 자질구레한 물건들을 가득 실은 잡화상 아저씨는 기다란 고무줄을 허리에 한 움큼 차고 온 시장 바닥을 누비며 외쳐대고 있다.
'고무줄 사-려. 아주 질긴 고무줄이요.' 결코 짜증나는 목소리가 아닌 금방이라도 곡조로 바뀔 듯한 음성이다. 이 손수레의 물건을 몽땅 팔아도 기 천원 될까하는 적고, 값이 없는 보잘 것 없는 물건인데도 이렇듯 열을 올리며 노래까지 부르는 이 아저씨는 물건이 안 팔려도 좋고, 그나마 조금 팔리면 다행이다 하는 바보스러울 만큼 태평스런 마음이다.

이런 유유자적함은 우리네 선조들이 물려준 우리만이 갖는 여유로움이 아닐까.

어느 그늘진 골목에서는 '펑' 소리와 함께 하얀 쌀 튀김을 소복하게 만들어내는 뻥튀기 장수를 볼 수 있다. 이마에 흘려 내리는 땀을 연방 닦아내며, 한 손으로는 풍로의 손잡이를 신나게 돌린다. 그 주위에는 두 손으로 귀를 꽉 막고 초조하게 팽창음 (膨脹音)을 기다리는 꼬마들과 미처 귀를 막지 못해 '펑' 소리에 놀라 울음을 터뜨리는 녀석들이 눈을 껌뻑이며 서 있다. 시골 장답게 골목골목에서 손님 부르는 소리는 왁작거리는 인파들 속으로 파고들고, 엄마를 따라온 꼬마는 홍시가 가득 담긴 대광주리 앞에서 걸음을 옮길 줄 모른다. 그러면 엄마는 하는 수 없다는 듯이 쪼그리고 앉아 먹음직스런 것들을 고른다. 입가에 빨갛게 묻혀 가며 먹는 손님은 꼬마뿐만 아니라 시장 보러 오신 아주머니, 할머니 등 모두 하나가 되어 버린다. 빨갛게 묻은 입가를 서로 쳐다보며 빙그레 웃고, 머리를 길게 늘어뜨린 얌전한 산골 처녀가 한 몫 끼인다는 것은 시골장만이 갖는 특유의 풍경이리라. 또한 인심 좋은 주인아주머니가 하나 더 먹으라고 권하면 볼록한 배를 쓱 내밀어 보이면서 사양하는 꼬마의 귀여운 모습은 무엇에도 비길 수 없는 풍요로움의 극치이리라.

광주리에 담긴 감들이 하나씩 줄어들고 흐뭇한 인정은 온 장터를 서서히 휘감는다. 하늘이 유난히 맑고 깨끗해 보이는 시골의 장터는 유유히 떠도는 하얀 솜털구름마냥 포근함과 여유로움을 간직하고 있다. 이는 오늘을 살아오신 우리네 엄마 아빠의 모습이리라. 시골장은 결코 아귀다툼의 장소가 아니라 서로 따뜻한 온정을 나누는 훈훈한 정(情)의 장소요. 어렵게 살아온 하얀 옷을 유난히 좋아하는 우리네 민족이 서로서로 등을 토닥거리는 위로의 장소요. 또한 누추한 주막에 둘러앉아 타령을 뽑으며 찌든 생활의 찌꺼기를 쏟아내는 배설의 장소다. 어느 누구의 권유도, 제지도 필요 없이 속이 후련하게 마시고, 고함을 지르고, 웃고 울고 나서 스스로 자리를 툭툭 털고 일어나 어두운 밤길을 터벅터벅 걸어가는 우리네 아버지들의 것이다.

해가 서쪽으로 기울고 땅거미가 서서히 몰려올 때 장사꾼들은 물건들을 챙긴다. 너절너절하게 흩어진 옷가지며 신발들을 차곡차곡 챙겨 싸늘한 밤공기가 제법 차갑게 느껴지면 서로 아쉬운 듯 작별을 하고 먼지를 일으키며 닿은 버스에 몸을 싣는다. 산 너머 아낙네들은 다소 가벼워진 보따리를 머리에 이고, 별이 유난히 밝아 보이는 밤길로 서서히 사라진다. 모두가 떠나버린 빈 장터엔 여기저기 흩어진 잔해들이 소슬바람에 나풀거리면 시커먼 어둠은 금방 이 모든 것들을 감춰버린다. 마치 아무 일도 없었던 것처럼.

노란 은행잎에 물들다

가을은 황금시장이다. 특히 우리 아파트 단지 앞에 조성된 녹지 공원은 완전 대박 난 황금어장이다. 지금 온 나라가 부동산에 목숨 걸고 야단법석을 떨고 다들 제정신이 아닌 이때, 나는 여유 있게 우리 아파트 앞에 펼쳐진 황금 밭을 바라보며 남몰래 웃는다. 웃음이 자꾸만 비칠비칠 나오는 것을 어쩌랴. 이 황금 밭이 조성된 지 10여 년 넘었다. 몇 년 전만해도 커다란 소나무들이 지주(支柱)에 몸뚱이를 의탁하고 힘겨운 듯 서 있었는데, 어느새 홀로서기를 하고 가지를 '죽-죽' 늘어뜨리고 있는 모습들이 제법 듬쑥한 품위를 갖춘 듯 보인다. 상수리나무, 단풍나무, 매화나무, 대추나무, 감나무 등 다양한 수목들과 어울려 멋진 풍경화를 그려내고 있다. 유럽의 예쁜 그림엽서에 등장하는 멋진 공원들을 연상시킬 정도로 아늑하고 평화로운 느낌을 주는 공원이다. 황금처럼 값진 공원이 우리 아파트 앞에 1㎞가량이나 턱하니 펼쳐져 있는데 어찌 즐겁지 않으랴. 이 녹지공원은 기다랗게 도로를 따라 그 앞쪽에 흐르는 남강과 도란도란 이야기를 나누며 다정하게 걸어가고 있다. 왜장(倭將)을 안고 강물에 몸을 던진 논개의 혼이 서려있는, 촉석루 아래의 의암(義岩) 바위를 한 바퀴 휘돌아 도도하게 흐르는 남강은 황금 공원의 좋은 연인이 되기에 충분하다.

이곳은 게으른 나를 운동하게 만드는 곳이기도 하며, 자전거 타고 강변을 달리게 하고, 저녁밥 먹고 배가 부른 나를 천천히 걷게 만드는 곳이기도 하다. 속상할 때 마음 가라앉히게 하는 곳이며, 심심하고 지루한 시간 보낼 때는 친구가 된다. 그리고 생각이 정리되지 않을 때는 어김없이 나를 밖으로 불러내어 내 마음과 몸을 다스리게 하는 황금 같은 장소이다. 그리고 이 공원을 황금밭이라 부르는 또 다른 이유는 공원 따라 늘어선 은행나무 때문이다. 여린 새싹을 띄우는 봄부터 잎을 노랗게 물들이는 가을까지 은행나무는 그 길을 걷는 사람들에게 한없는 즐거움을 안겨준다. 발그레 얼굴 붉힌 단풍나무가 공원을 거니는 허우룩한 마음에 한바탕 불을 지펴, 빨간 단풍의 후림불에 콩닥거리는 가슴이 채 가라앉기도 전에 공원 옆 도로변의 가로수로 서 있는 노란 은행잎이 마음을 온전히 빼앗고는 놓아주질 않는다.

황금 같은 은행잎이 소복하게 쌓인 공원길을 걸으며 세상 사람들이 목숨 걸고 모으길 원하는 황금을 생각해본다. 어떤 이는 황금 때문에 목숨을 잃기도 하고, 어떤 이들은 형제간의 우애에 금을 긋고, 어떤 이는 절망하여 삶을 포기한다. 천하보다 귀한 것이 생명이라 했는데, 그 생명과 바꿀 정도면 대단한 것은 사실이다. 창조주는 황금 같은 은행잎은 길바닥에 뿌려주시면서 왜 정작 사람들이 목숨 걸고 모으려하는 황금은 뿌려주지 않으실까.

그건 아마 황금에 눈이 멀어 당신이 만드신 자연에는 눈길 주지 않을 인간이라는 것을 미리 아시고 교만의 바벨탑을 쌓을 때, 그때 이미 결정하신 거겠지. 어떤 이가 말했다. '부자이기 때문에 행복한 것이 아니라 행복하기 때문에 부자다.'라고. 그리고 '행복하면 부자가 될 수 있다.'고. 그렇다면 창조주는 우리가 부자가 되기보다는 행복하기를 더 원하시나 보다. 당신이 만드신 인간이 행복하길 바라시기 때문에 길바닥에 황금 대신 황금 같은 은행잎을 마구마구 뿌려주시는 것이리라.

어린 시절 소꿉놀이할 때, 어린 우리들은 큰 나무 밑에 돗자리를 깔고는 살림을 차린다. 온갖 풀을 뜯어 반찬과 나물을 만들고, 조개껍데기는 밥그릇이 되고, 보드라운 흙으로 밥을 짓는다. 나뭇잎은 돈이 되어 세간과 필요한 물건들을 사고파는 수단이 되었다. 그땐 제법 오돌지게 살림을 살았다. 해 가는 줄도 모르고 있다가 부르러 나온 엄마 손에 이끌려 집으로 가면서도 너즈러지게 흩어놓고 가는 살림살이가 안타까워 몇 번씩이나 뒤를 돌아보며 울먹였던 기억이 난다. 창조주는 어린 시절 소꿉놀이를 통해 황금 대신 황금 같은 은행잎을 왜 뿌려주셨는지 이미 우리에게 가르치셨던 것이다.

우리 집 주변은 황금 가루가 뿌려진 온통 황금밭이다. 바람이 불 때마다 노란 황금들이 이리저리 굴러다니더니 어느새 길모퉁이 한편에 무드럭지게 모여 속닥거리고 있다. 이 은행잎은 창조주가 나에게 주신 황금이요, 행복이요, 풍요로움이다. 가을 햇살 따사로운 한낮에 황금 같은 노란 은행잎을 바라보고 있노라니 팍팍했던 마음이 시부저기 풀어진다. '나도 누군가에게 편안함을 주는 황금 같은 고귀한 사람은 될 수 없을까' 고민하는 내 눈 앞에 어린 유치원생 한 무리가 깔깔거리며 노란 은행잎을 줍고 있다. 이토록 내 마음을 황홀하게 만드는 노란 황금을 어찌 나만 볼 수 있으랴.

세상에 하찮은 것은 없다

발바닥이 화끈거리고 영 마뜩잖아서 저녁산책 겸 지압보도에서 몇 바퀴를 돌고나니 아프면서도 한결 시원했다. 가끔 시원섭섭하다는 말을 쓰는데, 발바닥에 부딪히는 이 느낌도 두 개의 감정이 시루에 떡 포개지듯 쌓여 묘한 기분을 만들어냈다. 목욕탕의 뜨거운 물에 들어앉아 '어! 시원하다.' 하는 말도 바로 이런 느낌일 것이다. 이렇게 시원한 아픔을 왜 진작 맛보지 못했나 싶다. 나는 가끔 바보 같은 짓을 많이 한다. 눈앞에 차려진 밥상을 두고도 먹지를 못해 배고프다고 칭얼댄다고나 할까. 우리 아파트 앞에 운동하기 좋은 멋진 녹지 공원이 있는데, 그걸 이용하지 못하고 몸이 아프다고 이렇게 엄살을 떨고 있다. 그곳에는 걷기에 좋은 구불구불한 산책 코스가 있고, 부드러운 곡선을 그리며 다양한 돌들이 촘촘히 박혀 있는 지압 보도가 설치되어 있어 발바닥 지압하기에 좋다. 넓은 잔디밭에서는 동네 주민을 위한 무료 에어로빅 강습도 있다.

강습생의 대부분은 아줌마들인데, 땀을 뻘뻘 흘리며 강사의 세련된 동작을 따라 열심히 몸을 흔드는 그 모습이 참 건강해 보인다. 그리고 갖가지 운동 기구들이 곳곳에 설치되어 있어 마음만 먹으면 얼마든지 운동하기 좋은 환경인데, 몸이 게으르고 마음이 무거워 한 번 퍼질러 앉은 몸은 여름내 일어날 줄 몰랐다. 이런 난 분명 바보가 확실하다.

연이어 물쿠는 날씨 때문에 숨쉬기 운동조차 귀찮다할 정도로 완전히 녹초가 되어버렸다. 올여름 찜통 같은 무더위와 집중 호우 등 이상 기후 현상이 한반도를 긴장시켰다. 우리나라 기후가 아열대성 기후로 바뀌다나. 아무튼 평년과 같은 기후는 아닌 게 분명했다. 인간이 잘났다고 까불어도 자연이 안겨주는 숙제 앞에서는 맥이 풀리기 일쑤다. 결국 인간이 자초한 일이 아닌가. '가라앉는 섬 투발루' 라는 제목으로 실린 기사를 읽었다. 지구 온난화로 100년 내 물에 잠긴다는 남태평양의 산호 군도로 인구는 1만 명이고, 면적은 여의도의 3배의 아름다운 섬나라에 1년에 평균 5.5㎜씩 바닷물이 차오르고 있다니, 정말 아찔하다. 우리나라는 1990년 2억 3900만 톤이던 에너지 분야 온실 가스 배출량이 2004년 4억 8200만 톤으로 늘었다고 한다. 증가 속도가 세계에서 가장 빠르다고 한다. 올여름 창조주는 '탄소량을 줄여 지구를 살려라'는 특명을 우리에게 던진 것이다. 지금도 창조주는 당신이 인간에게 맡긴 자연이 고통당하고 있는 것에 마음 아파 그 신호를 끊임없이 보내고 있다.

풀 한 포기, 나무 한 그루 다 창조주가 정성들여 만든 귀한 작품인데, 인간이 너무 하찮게 생각해 버렸다. 그러나 자연은

'그래, 이 세상에 하찮은 게 어디 있니?' 하고 도리어 인간에게 끝임 없이 되묻고 있다. 어떤 책의 한 구절이 생각난다. 어떤 이가 마당에 잡초가 가득해서 잡초도 가꾸시냐고 주인에게 물었는데, 주인의 대답이 "저놈들이 아침저녁으로 나를 반기니 어떡하겠는가? 이 세상에 존재하는 모든 생명 있는 것들은 다 나름대로 가치가 있는 것이여. 공생의 윤리가 우주의 법칙이 아닌가?" 라고 했다한다. 어떤 이는 '잡초는 없다.' 고 했다. 우리가 잡초라고 생각하는 것도 알고 보면 나물이고 약재다. 다 나름대로 쓰임이 있는 귀한 존재라는 것이다.

인간의 몸은 자연을 닮을수록 가장 안전하다. 자연에서 마구 뛰놀고 하던 때는 도리어 탈이 없었고 건강했다. 설령 탈이 났더라도 금방 치유되는 것을 봤다. 그런데 몸이 편안한 것에 익숙해 버린 지금은 온몸이 축 늘어져 추스르기가 더 힘들다. 내가 유일하게 하는 운동은 욕심 부리지 않고, 천천히 공원을 산책하는 것이다. 공원이 시나브로 내뿜는 상큼한 공기 때문에 금방 기분이 좋아진다. 숨통이 좀 트인다. 공원을 도시의 심장이라 했든가. 이렇듯 숲은 인간이 마구 쏟아내는 불순물들을 들이마셔 청량한 공기로 내뿜는 작업을 쉼 없이 한다. 그 행위야 말로 진정 인간을 끊임없이 사랑한다는 증거이리라. 저녁밥을 먹고 더위에 녹초가 된 몸과 마음을 추스르고 공원을 거닐었다. 더위에 실려 온 바람이 약간 서늘하다. 여름이 조용히 물러나고 있다. 조물주의 놀라운 솜씨를 인간이 어찌하랴.

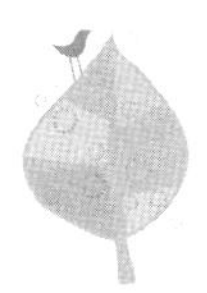

제2부
그분은 하늘의 별이 되다

침묵자들

침묵은 폭풍을 몰고 온다.

침묵은 단순히 말없음이 아니라, 수많은 말을 안으로 억누르고 있는 소리 없는 태풍이다. 일 년 전 필리핀 여행 후, 아직까지 내 뇌리 속에 선명하게 남아있는 것이 있다. 그것은 팍상한 폭포의 환상적인 풍경도 아니고, 원시림 속에 숨겨져 있던 히든 벨리에서 즐겼던 숲 속의 온천욕도 아니고, 아직도 연기를 몽글몽글 피워내는 따가이따이의 분화구도 아니다. 지금까지 가슴 저리도록 강한 인상으로 남아 있는 것은 그곳에서 내가 만난 사람들이다. 엄밀하게 따진다면 그 사람들의 침묵(沈默)이다. 그 침묵 속에 숨겨져 있던 무서우리만치 강한 힘이라 함이 옳겠다. 팍상한 폭포를 향해 강을 거슬러 올라갈 때, 우리를 태워줬던 보트맨 형제의 혼신을 쏟는 그들의 뜨거운 열정 속에 숨겨져 있는 강렬한 에너지는 태풍의 중심에 있는 '핵(核)'이라 할 수 있으리라. 그리고 따가이따이 분화구(噴火口)로 오를 때, 내 말의 고삐를 잡고 화산재가 풀풀 날리는 산을 땀을 뻘뻘 흘리며 오르고 내린 10대 소년의 모습에서 힘든 현실을 극복하려는 강한 의지를 볼 수 있었고, 가끔씩 보이는 그의 침묵 속에 고달픈 현실이 꾹 눌려 있음도 눈치 챌 수 있었다.

내가 만난 그들의 얼굴은 웃음 띤 얼굴이 아니라, 우울한 그림자가 짙게 깔려 있는 침묵한 얼굴이었다. 경제적인 어려움이 그들의 얼굴에서 웃음을 거두고 대신 깊은 시름을 안겨주었던 것이다. 그들의 침묵은 대상을 향한 분노이며, 그들이 처한 현실 상황을 향한 말없는 시위(示威) 같았다. 그런데 이 침묵자들이 두려울 정도로 강한 힘을 발휘했다는 것을 바기오라는 도시를 방문했을 때 확인할 수 있었다. 나는 바기오 전망대에서 본 의외의 풍경에 할 말을 잃었다. 그것은 집들이 한결같이 험준한 절벽의 벼랑 끝에 오도카니 앉아 있었다. 이렇게 위험천만한 곳에 터를 잡은 집들이 온 산을 휘감으며 마을을 이룬 모습에 감탄하는 한편 도대체 왜 이토록 위험한 곳에 터전을 잡아야만 했는지 의문을 갖게 했다.

전망대에서 바라본 마을은 마치 커다란 자연적인 요새(要塞) 같았다. 안내자의 말을 들으니 외부의 침입자들로부터 자신들을 지키기 위한 방편으로 그런 고산지대의 벼랑 끝에 마을을 형성하였다고 한다. 그 덕분에 외부 침입자들이 한결같이 이 도시는 넘보지 못하고 스스로 지쳐 물러갔다고 하는 이야기를 들었다. 그래서인지 그 도시 원주민들은 나름대로 굉장한 자부심을 가지고 있었고, 그들이 비록 침묵하고 있지만 한편으론 폭풍 같은 무서운 힘을 지니고 있다는 것을 느낄 수 있었다.

우리 주변에도 말없이 자신의 일을 묵묵히 실천하는 사람들이 참 많다. 그들은 결코 권력이 있는 사람들이 아니다. 약하고 힘든 우리 이웃이다. 그런데 우리는 말없이 묵묵히 있으면 그들이 힘이 없다고 오해하고 무시하기 일쑤다. 그리고 '말없는 사람이 더 무섭다.' 라는 사실을 잊고 있다. 나는 말없이 자신의 일을 묵묵히 멋지게 해 내는 자들을 땅 위의 창조자라 부르고 싶다. 입으로 떠벌리지 않고 묵묵히 해 내는 그들이야말로 세상을 환하게 만들어 내는 진정한 땅 위의 창조자인 것이다. 침묵 속에는 태풍 같은 무서운 창조의 힘이 숨어있다는 것을 그들을 통해 알 수 있었다.

침묵은 소리 없는 전쟁이다. 어릴 때 호통 치는 엄마보다 화난 얼굴로 말을 하지 않던 엄마가 더 무서웠다. 엄마가 말하지 않고 침묵하면 그때부터 온 집안은 냉기(冷氣)가 돈다. 말없는 전쟁. 즉 냉전이 시작된다. 그때부터 어린 우리들은 아무도 시키지 않아도 슬금슬금 눈치 보며 태풍의 위력(威力)을 피하기 위해 나름대로 요령껏 움직여야했다. 그리고 엄마의 마음을 녹이기 위해 매달리기도 하고, 애교도 부리고 어린 우리가 할 수 있는 최선을 다해 냉전을 종식시키려 애썼던 기억이 있다. 그래서인지 지금도 나는 숨 막히는 침묵은 마치 태풍의 눈에 꼼짝없이 갇혀 있는 것 같아 싫어한다. 침묵한 얼굴보다 웃음 띤 얼굴이 훨씬 좋다. 얼굴을 싸늘하게 휘감고 있는 침묵보다 화사한 햇살마냥 상대방을 편안하게 하는 그런 얼굴들을 많이 보았으면 한다. 마주보며 도란도란 대화를 나누는 다정한 모습이 보기에도 훨씬 좋다. 그리고 나도 침묵을 녹이는 따스한 마음이 들어앉을 자리를 하나쯤 마련해야겠다.

뿌리내리기

그 녀석이 우리 집에 온 지는 햇수로 4년째로 접어들었다.

야트막한 산자락의 타박한 토양에서 끈질기게 자라고 있는 그 녀석이 대견해서 이름을 물었더니 마삭줄이라 했다. 약수터 갈 때마다 길게 늘어선 물통들을 보면서 기다리는 것이 지루해서 이리저리 뭔가 심심풀이할 것을 찾던 중, 그 녀석의 혈기왕성한 모습이 내 눈길을 사로잡았다. 가느다란 줄이 온 언덕을 휘감고 있는 것을 보니 저 녀석의 생명력이 보통이 아니겠다는 생각이 들었다. 한 주먹 쥐고 쭉 뽑았더니 뿌리가 떨어져 허연 속살을 드러낸 것이 대부분이었다. 다행히 뿌리가 성한 채 뽑힌 녀석이 몇이 있었다. 뽑은 게 아까워서 집에 가져와 화분에 심고, 아침저녁으로 들여다보며 사랑을 쏟았더니, 며칠 뒤 상처 난 부분들이 아물어 가는지 몸을 추스르며 약간 정신을 차리는 것 같았다. 얼마 후에는 제대로 뿌리를 내렸는지 새싹들이 살며시 고개를 내밀고 올라오는 게 아닌가. 힘든 상황 속에서도 조금씩 기운을 차리는 그 녀석들은 나의 메마른 감정의 샘을 자극하기에 충분하였다. 귀여운 고 녀석들이 너무 대견하고, 또한 생명 있음이 정말 아름답다는 생각을 했다. 그 녀석의 생명 뻗침은 보통이 아니었다. 그것은 아마 타박한 토양에서 뿌리내리고 살려면 어지간한 각오가 아니면 살아남지 못함을 체험했기에 그 환경에 적응이 그토록 빠른 것이 아닌가 싶었다. 이 작고 보잘 것 없는 식물 하나도 이렇게 힘겹게 몸부림치며 생명을 이어가고 있는 것을.

나는 어느덧 아침저녁으로 그 녀석들의 생명을 확인하는 버릇을 하나 더 가지게 되었다. 이토록 악착스런 삶을 살아가고 있는 이 녀석들을 바라보고 있노라니, 문득 미국으로 이민 가신 삼촌이 떠올랐다. 1970년대에 이 땅의 삶이 너무 고달파서 이민을 결심했다고 하셨다. 항공료가 없어 할부하셨다는 삼촌의 미국생활은 이 땅의 고달픔보다 더 고통스럽고 힘든 날들이었다는 것을 말씀은 안하셨지만 미루어 짐작할 수 있었다.

3년 전 우리 가족이 여름 방학을 이용하여 샌프란시스코 근교에 살고 계시는 삼촌댁에 한 달간 머물다 온 적이 있다. 그 때 삼촌께서는 '한 그루의 나무가 본래 자신이 살던 땅을 떠나 다른 토양에 적응하며 뿌리를 내리고 살아간다는 것은 보통 힘든 일이 아니다. 이민도 이와 똑같은 이치가 아니겠니!' 하시면서 당신이 한국 땅에 남은 조카들에게 그동안 너무 무심했던 것을 이해하라고 하셨다. 그때 나는 우리 집 화분에서 잘 커 가고 있는 이 마삭줄이 생각났다. 살아남기 위해 얼마나 몸살을 했으며, 얼마나 많은 날들을 불안한 마음으로 지새웠을까. 그러다가 새로운 토양에 시나브로 익숙해져 그동안 그토록 힘들고 불안하게 했던 것들이 이제는 자신의 일부가 되고 자신의 몫으로 자리매김해 간다는 것을. 지금까지 아무 탈 없이 잘 자라고 있는 그 녀석이 참 고마웠다. 조금 지나면 예쁜 꽃도 피우겠지. 그리고 난 그 꽃을 보고 빙그레 웃으며 안도의 한숨을 쉬며 기뻐할 것이다.

이제는 한국생활보다 도리어 미국생활에 더 익숙해진 그분들처럼 내게 뽑혀 우리 집으로 옮겨 온 마삭줄도 그렇게 적응해가는 것이 당연하겠지. 뿌리 내리기! 이 작업은 천둥치는 침묵이다. 꺼져 가는 생명을 붙잡기 위해 암흑의 땅 속에서 고통을 인내하는 그 외롭고 처절한 몸부림은 생명의 기쁨을 잉태하는 고귀한 몸짓이며, 사랑의 표징인 것이다. 조용한 가운데 폭풍 같이 휘몰아치는 아픔이 있음을 알기에 살아있음이 아름답고, 그 살아있음에 감사하게 되고, 그리하여 우리는 행복하게 되는 것이다.

좌절금지

자동차 한 대가 끼어들었다.

순간 놀라고 화가 났다. 자동차의 외형을 보니 장식(裝飾)이 요란하다. 분명 저 차의 주인은 무례하고 겁 없는 젊은이일거라 추측하며 혀를 쯧쯧 차면서 뒤따라갔다. 정말 못마땅했다. 생각 같아서는 창문 열고 쓴 소리 한마디 하고 싶었다. 그러나 졸졸 뒤따라가면서 앞 차의 꽁무니만 째려보았다. 순간, 나도 모르게 '풋-' 하고 웃고 말았다. 이유는 앞 차의 꽁무니에 쓰인 글귀 때문이었다. '이 차 안에는 총각이 타고 있습니다. 좌절 금지' 이 글귀를 보는 순간, 차 꽁무니에 눈총을 쏘아댔던 좀 전의 화났던 마음은 온 데 간 데 없고, 웃음이 터져 나왔던 것이다.

우리는 일상에서 가끔 기발하고 엉뚱한 글귀들을 만나는 경우가 있다. 오늘처럼 웃음을 자아내는 글귀가 있는가하면, 사람의 마음을 움직이는 글귀도 있고, 읽으면 마음이 훈훈해지는 글귀도 있다. 이런 글귀를 만나면 긴장된 마음이 일단 느긋해지고, 넉넉해진다. 늘 긴장된 생활 속에서, '빨리빨리' 문화에 더 익숙해져 있는 상황에서 한 순간이라도 여유를 갖는다는 것은 정말 행운이다. 평소에는 아무런 감흥(感興)이 없던 글귀가 어느 순간 내 가슴에 와 꽂히는 경우가 있다. 그땐 분명 마음에 여유가 생기고, 새로운 것을 다시 그려 넣을 작은 공간 즉, 여백이 내 마음에 생기는 순간인 것이다. 어떤 책에서 언뜻 본 기억이 있다. '여유는 채우지 못한 빈틈이 아니라, 다시 나를 충전시키기 위한 귀중한 시간이고, 여백은 채우지 못한 빈칸이 아니라, 다시 나를 되돌아보게 하는 소중한 시간이다.' 고.

오늘 내가 만난 이 글귀 중에 특히 '좌절금지'라는 말이 내 가슴을 후려쳤다. 특별한 말도 아닌 이 글귀가 오늘 내 마음에 와 꽂힌 것이다. 마치 누군가 내게 '좌절하지 마라' 하고 위로하는 느낌이었다. 아마 요즈음 나의 생활이 늘 팍팍하고, 되는 일보다 안 되는 일이 더 많아 지쳐 있었던 터라, 누군가의 위로(慰勞)의 한 마디가 필요했던 것 같다. 짧은 순간이었지만 다시 마음을 다잡을 수 있는 계기가 된 것이다.

요즈음 우리는 너무 쉽게 좌절하는 경향이 있다. 특히 내가 만난 학생들은 공부 때문에 많이 지쳐있다. 최선을 다하는 그들의 모습은 참 아름답다. 그런데 그 중에는 생각처럼 성적이 오르지 않는다고 실망하고 좌절하는 학생을 가끔 보게 된다.
'공부가 인생의 전부는 아니다.'라고 말로 타이르고 다독거리지만 성적 때문에 스트레스 받는 그들에게 어디 그 말이 위로가 되겠는가, 그러나 어쩌랴. 그런 위로의 말 외에 내가 해 줄 수 있는 뾰족한 방법이 없는데.

이런 경우 보통, 사람들은 '마음을 비우라'고 충고한다. 말인즉 참 쉽다. 비워야 가벼워지고, 새로운 것으로 채울 수 있으니까. 누군가 말하길 '비우는 것은 아무것도 하지 않는 것이 아니라 부지런히 자신을 가꾸는 모습이다.'고 말하고 있다. 내 마음이 욕심으로 꽉 차 있으면 여유로워 질 수 없으며, 아무리 좋은 말이라도 마음을 파고들지 못한다. 무거운 마음을 망설임 없이 비우고, 소요(逍遙)하는 여유 있는 삶을 사는 우리의 모습을 그려보며 살짝 입가에 미소를 짓는다. 그리고 그 총각 덕분에 오랜만에 웃었다.

「얼음 · 땡」 놀이하는 바다

바다가 놀이를 하고 있다. 여름바다가 치맛자락을 팔락이며 신나게 뜀박질 놀이를 한다면, 겨울 바다는 순간적인 멈춤과 풀림을 반복하는 '얼음 · 땡' 놀이를 한다. 여름바다가 깔깔거리며 즐겁게 웃는 소녀의 얼굴이라면, 겨울바다는 자애로운 얼굴에 미소를 머금고 있는 어머니의 조용한 모습이라 하겠다. 여름 바다를 용틀임하고 바람에 부대끼어 뒤집히는 역동적인 바다라고 한다면, 겨울바다는 고요하고 잔잔한 정적인 바다라 하겠다.

그 조용한 바다가 지금 '얼음 · 땡' 놀이를 하고 있다. 이 놀이는 술래를 피해 다니다 붙잡힐 위급한 상황이 되면 순간적으로 '얼음' 하고 외친다. 그러면 모두 '동작 그만'의 상태로 멈췄다가 어느 순간 누군가 '땡'을 외치면 얼음처럼 굳어있던 동작이 풀려 마음대로 움직일 수 있다. 이때 술래에게 붙잡히지 않도록 해야 한다. 즉, 고요함과 번잡함이 되풀이 되는 놀이인 것이다.

오늘 삼천포 실안 해안도로를 돌아오면서 바라본 실안 앞바다는 흐름이 아닌 이음의 상태로 누군가가 '얼음' 이라고 소리 질러서 그대로 흐름을 멈추고 얼어 붙어버린 것 같았다. 누군가가

'땡'이라고 외쳐야 비로소 자유롭게 움직일 것만 같다. 마법에 걸린 공주가 오랜 잠에서 깨어나듯. 한낮의 바다는 반짝이는 날카로운 햇살 때문에 눈이 부시지만, 노을 진 저녁 해거름의 바다는 불그레한 모습으로 온통 익어가고 있다. 붉은 물감을 잔뜩 풀어 놓은 것 같은 바다는 서산(西山)에 걸쳐 있는 둥근 불덩이로 인해 더욱 발그레하게 달아오르고 있다. 마치 첫사랑을 바라보는 소녀의 얼굴마냥 화끈거리는 얼굴을 자꾸만 안으로 감추려고 하고 있다. 이런 바다를 삼천포의 故 박재삼 시인은 '울음이 타는 가을 강'이라 했나보다.

제삿날 큰집에 모이는 불빛도 불빛이지만
해질녘 울음이 타는 가을 강을 보겠네.

저것봐, 저것봐,
네보담도 내보담도
그 기쁜 첫사랑 산골 물소리가 사라지고
그 다음 사랑 끝에 생긴 울음까지 녹아나고
이제는 미칠 일 하나로 바다에 다 와가는
소리 죽은 가을 강을 처음 보겠네. (하략)

박재삼 시인은 삼천포의 바다를 참 많이 노래했었다. 시인은 '늘 보던 바다가 실로 훌륭한 경치로, 이웃 사람의 그저 그런 낯익은 얼굴을 대하듯 별것 아닌 것으로 내 마음에 자리하여 있다가 별안간 아름다웠기 때문에, 눈물의 꽃이 피어난 꽃밭인양 바다는 온통 현란한 경계로 다가온다.'고 했었다. 오늘 내게 다가온 삼천포 실안의 겨울 바다는 영락없이 사랑으로 몸살 앓은 소녀의 마음으로 다가왔다. 그 소녀가 붉은 울음을 바다 깊숙이 숨겨 둔 채로, 저녁노을에 온몸을 불태우고 있다. 그 유혹의 바다가 지금 '얼음 · 땡' 놀이를 하며 겨울을 보내고 있다.

삼천포에서 진주로 오는 실안의 해안도로는 숨죽이는 겨울 바다랑 친구하기에 알맞은 길이다. 바다랑 도란도란 얘기하다보면 바다는 어느새 마음이 느긋한 친구가 되어 나를 위로하느라 늡늡한 얼굴로 나를 바라봐 주곤 한다. 해질 녘, 붉은 얼굴로 환하게 웃어주는 바다를 옆에 끼고 천천히 차를 달렸다. 바다 옆을 따라 멀리 늘어선 산맥이 원근법에 따라 그려내는 곡선의 아름다움은 고요한 바다와 잘 조화되어 보는 이의 마음을 평온케 한다. 또한 이것이 내가 삼천포의 바다를 좋아하는 이유이기도 하다.

산은 바다를 옆에 끼고 묵묵하게 박혀 있고, 넓은 마음을 품은 바다는 점점이 섬들을 키우고 있다. 그 넉넉한 바다의 모습에 반해버린 섬들은 물살이 쓰다듬어 주는 손길에 외로움을 달래고 있다. 바다는 천 년 전에 하던 그 너그러운 손길을 지금도 보여주고 있다. 나도 저 바다처럼 누군가를 달래주고 안아 줄 수 있는 넓은 가슴이 있으면 얼마나 좋을까. 오늘 이 황홀한 바다는 얼음 · 땡 놀이를 하고, 나는 그만 그 바다에 홀딱 반해버렸다.

비토섬에서 남해용왕을 생각하다

섬은 슬프다.

바다가 넉넉한 마음을 보내고, 부드러운 손길로 쓰다듬어 주고 있지만 슬픈 이야기를 간직한 섬은 여전히 아픈가 보다. 따사로운 봄의 끝자락에 남해 용왕을 만나러 간다며 비토섬에 갔다. '토끼의 간(肝)이 필요했던 용왕은 지금은 어떻게 지내고 있을까' 라고 농담을 던지며 찾아간 비토섬도 슬픈 전설을 담고 있는 아픈 섬이었다. 이 섬은 남해안의 끝자락인 사천시 서포면에 위치하고 있다. 한때는 한센병으로 고생하는 환자들을 격리시키기 위해 강제로 이 섬으로 이주시켰다는 설움을 지닌 섬이기도 하다.

슬픈 이야기를 간직한 비토섬은 그래서 더욱 아픈 섬이다. 그러나 이 섬은 서포면의 남부해안지역에 위치해 있어 푸른 물결이 일렁이는 아름다운 남해바다를 앞에 두고, 세 개의 유인도와 네 개의 무인도를 거느린 섬으로 맞은 편 남해군 창선면과 마주하고 있다.

이 섬은 별주부전의 전설이 전해오는 설화의 고향이며, 작은 모세의 기적이 일어나는 곳이기도 하다. 비토(飛兎)라는 지명(地名)은 '토끼가 나는 형상' 이란 뜻으로 조선 말기부터 현재에 이르고 있다고 한다. 갯벌로 둘러싸인 비토섬은 월등도, 거북섬, 토끼섬, 목섬을 거느리며 오늘도 우직하게 바닷물에 몸을 담그고 있다. 이 비토섬에는 여러 전설들이 전해져 오고 있는데 그 중 하나가 우리 고전인 별주부전과 너무나 흡사한 월등도에 얽힌 전설이다. 그 이야기는 옛날 비토섬에서 가장 높은 천황봉에 토끼 부부가 행복하게 살고 있었는데, 어느 날 남편 토끼가 별주부의 감언이설에 속아 임신한 아내를 남겨두고 부귀영화를 꿈꾸며 별주부를 따라 남해 용궁으로 떠났다. 그런데 토끼가 별주부에게 속은 사실을 알고 도리어 용왕을 속이고 다시 별주부의 등에 타고 비토섬 월등도 부근에 당도하게 되었다. 별주부의 등에 타고 있던 토끼는 마음이 조급하여 별주부의 등에서 힘차게 월등도를 향해 뛰어내렸지만, 달빛에 반사된 육지는 너무 먼 거리에 있어 토끼는 바닷물에 떨어져 그만 죽고 말았다. 그때 토끼가 빠져 죽은 자리는 토끼섬이 되었고, 토끼를 놓친 거북이는 용궁으로 돌아가지 못하고 섬이 되었으니 바로 거북섬이라 한다. 이 거북섬은 넋이 나간 채로 토끼섬을 멍하니 바라보고 있는 거북의 형상을 하고 있다. 한편 남편을 용궁으로 떠나보낸 아내 토끼는 목이 빠지게 남편토끼를 기다리다 바위 끝에서 떨어져 죽었으니, 그 섬이 토끼섬을 애절하게 바라보고 서 있는 목섬이다.

이렇듯 푸른 바다 속에 제 각각의 모습으로 질펀하게 퍼질고 앉아 있는 섬마다 사연이 담겨 있고, 이 슬픈 전설은 지금도 살아 숨 쉬고 있다. 그리고 작은 섬 하나에도 이야기를 만들어 그 섬들이 결코 외롭지 않도록 배려해 준 옛사람들의 넉넉한 마음이 담겨 있기에 더욱 아름답고 소중하다. 우리가 찾아갔을 때, 슬픈 이야기를 가진 이 섬들은 바다의 부드러운 손길에 외로움을 달래며, 바다의 넓은 포용력에 온전히 자신을 내맡기고는 따뜻한 햇살을 받으며 꾸벅꾸벅 졸고 있었다.

이렇듯 바다는 송두리째 자신을 내놓는데, 열 개를 가진 남해용왕은 어찌하여 남이 가진 하나를 빼앗지 못해 그토록 안달했을까. 비토연륙교로 섬 같지 않은 섬이 되어버린 지금은 외로운 섬이 아니라 외부사람들의 등살에 몸살을 앓고 있다. 마치 욕심 많은 남해 용왕이 육지에 올라와 남이 가진 하나를 빼앗으려고 애쓰고 있는 것처럼. 현재 우리의 모습도 남해용왕처럼 탐욕스런 모습은 아닌지. 오랜 세월 묵묵히 섬을 키워온 은빛 일렁이는 남해바다의 넉넉한 마음이 고마워 따스한 봄 햇살도 조용히 내려앉았다.

한여름 밤의 풍경

며칠 동안 계속해서 물쿠던 날씨 때문에 잔뜩 짜증난 마음이 한바탕 걸쭉하게 쏟아진 소나기 덕분에 한결 상쾌해졌다. 오전 내 멋지게 떨어진 빗방울들이 뙤약볕에 달구어진 8월의 아스팔트길이며, 콘크리트 건물들을 시원하게 식혀주고 떠났다. 소나기가 지나간 뒤의 비거스렁이는 생기를 불어넣듯, 간살스럽게 다가와 눅눅한 마음에 상큼함을 안겨다 주었다. 해거름부터 베란다에 자리 잡은 화단에서 풀벌레 소리가 들려왔다. 그 밝고 고운 음색 덕분에 그나마 여름밤의 열기(熱氣)를 웬만큼 식힐 수 있었다. 그리고 고향 마당에 놓인 평상(平床)에 누워 하늘의 별을 헤며 여름밤을 즐겼던 어린 시절로 되돌아온 듯했다.

사방에 어둠이 깔리고 서쪽의 붉은 노을도 완전히 사라져 버린 시각. 공터의 푸서리에서 풀벌레들이 걸쌈스럽게 울어 제치는 노래 소리와 아파트 베란다의 어느 구석에 숨어 조심스레 울던 여치의 울음소리가 어느 순간 뚝 그쳤다. 조용하다. 그토록 야단스럽게 울더니 아마 목이 쉬었겠지 하며 내심 서운함을 달래며 창가에 오롯이 앉아 바깥을 내다보는데, 먼 산의 윤곽이 또렷이 떠오르면서 사방이 환해진다. 구름 속에 가렸던 보름달이 배시시 웃음을 머금고 반주그레한 얼굴을 내밀고 있지 않은가. 언제 보아도 정겨운 손님이다. 그러고 보니 풀벌레들도 달구경하느라고 잠시 우는 것조차 잊었나보다.

여름밤의 보름달. 이 회색 도시의 하늘에 환한 보름달이 뜬다는 사실 하나만으로 이토록 반갑고 정겨운데……. 내 어릴 때 고향 마을에 뜬 그 보름달은 더 환하고 더 둥글고 더 포근했다는 느낌이 든 것은 아마 그 날이 할아버지의 제삿날이기 때문에 더 또렷하게 남아 있는지도 모른다. 둥그스레한 환한 달이 따사로운 눈길로 작은 시골 마을을 내려다보고 있는 그 모습은 다정다감하면서도 정겨운 어머니의 모습 그대로였다. 어린 시절, 무더운 여름을 끈기 있게 참아낼 수 있었던 것은 할아버지 제삿날이 여름의 한 중간에 끼여 있기 때문이었다. 그날은 온 집안 식구들이 한 자리에 모이는 즐거운 잔칫날이다. 이 날의 마지막 손님은 이웃 마을로 시집가신 고모님이신데, 그분은 항상 환한 보름달과 함께 오셨다. 해가 뉘엿뉘엿 질 때면 동네 어귀에서 목을 쭉 빼고 고모님을 기다리는 것은 어린 우리들의 즐거운 몫이었다. 고모 치마를 붙잡고 마당에 들어서면 걸쭉한 웃음소리들이 대문을 넘나들고 마당의 모깃불은 저녁 내내 매캐한 연기를 피워 올리고, 어른들은 음식 준비하느라고 불풍나게 움직이셨다. 아이들은 마당의 평상에 드러누워 북두칠성을 찾고 수많은 은하수가 흐르는 하늘에 감탄을 보내며 시간이 흐르기를 기다렸다. 할머니께서 들려주시던 호랑이와 떡장수 애기가 무서워 할머니 치마폭으로 숨어들곤 했었다. 도깨비 애기를 듣고 뒷간에도 못 가 바들바들 떨면서도 좋아했다. 내 어릴 때의 추억은 할머니의 구수한 이야기 속에 스며있다.

요즈음 아이들에겐 무서운 이야기가 통 없는 것 같다. 도깨비, 호랑이 얘기는 시시하다고 무시해 버린다. 그 대신 로봇, 람보 얘기를 더 재미있어 한다. 시대가 변했는데 재미거리도 따라 바뀌야지 하면서도 어쩐지 마음 한 구석이 허전하고 한없이 허우룩하다. 오랜만에 기분 좋은 추억을 떠올릴 수 있었던 것은 이 회색 도시의 빌딩 숲 사이로 숨바꼭질하는 보름달 덕분이다. 공해로 뒤덮인 시커먼 공간에 환한 빛으로 떠오른 그 모습이 고맙기도 하고 한편으론 애처롭기도 하다. 그러나 얄밉도록 능청맞으면서도 천연스럽게 웃고 있는 보름달 속에는 하얀 가르마를 타고 정갈한 모습으로 제사를 모시던 할머님의 모습이 강한 인상으로 남아 있고, 아버지의 푸지고 걸쭉한 웃음들이 녹아 있고, 어머니의 주름진 얼굴 위에 퍼진 자애로움이 보름달의 밤볼 속에 숨어 있음을 알았다.

올해의 할아버지 제삿날은 떠들썩한 웃음소리 대신 텅 빈 마당에 선발로 하루 종일 바쁜 어머니의 모습 뿐. 그때의 어린 자식들은 다들 장성하여 제 각자의 길로 떠났고, 할머니, 아버지 모두 먼 나라로 가신 그래서 더 쓸쓸한 날이다. 떠나온 딸들은 전화 한 통으로 대신해 버린 그런 무성의가 차라리 죄스럽다. 얼마만큼 잃었을까? 내 소중한 것들을. 문명의 이기(利器)에 밀려, 때로는 바쁘다는 핑계로, 혹은 평안하고 수월한 것을 더 추구하는 고약한 이기심 때문에 내 어린 시절의 아름다운 풍경화가 자꾸만 빛을 잃어가고 있다. 무엇이 내 어릴 때 맑고 환한 보름달을 소드락질해 갔을까. 훈훈하고 서정이 담뿍 담긴 우리만의 모습을 이제는 더 이상 잃고 싶지 않다. 더 이상 빛바래지 않도록 마음 깊숙한 곳 골라 고이고이 묻어 두어야겠다.

그분은 하늘의 별이 되었다

쇼팽의 '이별의 곡'이 흘러나왔다. 난 이 곡을 들을 때면 늘 내 아버지와 내 젊은 시절 눈물의 수업시간이 떠오른다. 울산에서 중학교 3학년 남학생들을 가르치던 시절. 지금도 잊을 수 없는 수업시간이 있다. 그 날은 중국 작가인 주자청(朱自淸)이 쓴 '아버지의 뒷모습(원제목: 背影)'이라는 제목의 수필을 공부하는 시간이었다. 학생 중에 할머니와 함께 어렵게 사는 학생이 있었는데 평소 결석을 자주해서 속으로 걱정을 하던 차에, 그 날 수업 시간에 그 녀석이 눈에 쏙 들어왔다. 그래서 반가운 마음에 '어제 무슨 일이 있었니?' 하고 물었더니 그 녀석 대답이 '사는 게 너무 힘들어 어제 아빠 산소에 가서 그냥 하루 종일 앉아 있다 왔다.'는 것이었다. 이제 겨우 열여섯 살의 어린 녀석의 입에서 나오는 그 말을 듣는 순간, 가슴이 메워지고 코 끝이 '찡–' 하고 나도 모르게 눈물이 흘렀다. 내 눈물을 학생들에게 들키지 않으려고 교실 뒤편에서 한참 서 있는데도 눈물은 멈춰지지 않았다.

감정의 물꼬가 트이자 흐르는 눈물을 주체할 수 없었다. 그 녀석의 말이 아픈 것보다 내 아버지를 생각하며 흘린 회한(悔恨)의 눈물이었다. 결국 어깨를 들썩이며 울어 버렸고, 놀란 학생들은 순간 조용해졌다. 겨우 감정을 추스르고 몇 년 전에 돌아가신 내 아버지의 얘기를 했다.

젊은 시절, 아버지는 내게 투쟁의 대상이었다. 어머니를 힘들게 하는 아버지가 미웠다. 그래서 아버지한테 항상 따지고 꼬박꼬박 대들고, 중요한 일도 내 마음대로 처리한 후 나중에 아버지께 통보하는 식이었다. 그것이 내가 아버지께 할 수 있는 저항의 방식이었다. 그런데 철이 들면서 그렇게 행동했던 것이 늘 미안하고 죄송해서 사과드리고 싶었다. 그런데 그 기회를 놓치고 말았다. 새벽같이 아버지가 나를 보고 싶어 하신다는 어머니의 전화를 받고도 별로 심각하게 생각하지 않고 내가 할 일 다 한 후 시골집으로 갔다. 그땐 연락할 수 있는 휴대폰이 없던 시절이라 중간에 어떤 일이 있었는지 알지 못한 채 시골마을에 도착했다. 고향 사람들이 나를 바라보는 눈빛을 보고 큰 일이 일어났음을 직감했다. 그리고 마을 어귀에 걸려 있는 근조등(謹弔燈)을 보는 순간 내 가슴은 걷잡을 수 없이 요동을 쳤다. 그리고 온 몸의 기운이 소리 없이 사라지고 바스락거리는 나뭇잎마냥 무너지고 말았다. 이렇게 이별하려고 그토록 쇼팽의 '이별의 곡' 만 연주했던 것인가. 일주일 전부터 피아노 앞에만 앉으면 나도 모르게 내 손은 이미 쇼팽의 '이별의 곡'을 치고 있었던 것이다. 그때 옆에서 농담 삼아 '누군가랑 이별하려나 봅니다.' 했지만 난 그냥 빙그레 웃고 말았던 것이다. 그렇게 난 아버지랑 이별하고 말았다. 그러나 '아버지 미안합니다. 잘못했어요.'하는 이 말을 하지 못했던 까닭에 가슴에는 무거운 맷돌이 짓누르는 느낌이었다. 온 몸의 흐름이 꽉 막혀버렸다. 사람들이 슬픔이 막히면 주먹으로 가슴을 쾅쾅 치며 오열하는 모습을 그때야 이해할 수 있었다. 숨 막히는 짓누름을 이기기 위해 내 몸에 스스로 상처를 내는 방법을 택했다. 주사바늘 하나 꽂히는 것도 못 보는 내가 어디서 그런 용기가 났는지 미용실에 달려가 주사기보다 더 큰 바늘로 귓불을 뚫었다. 그렇게라도 하지 않으면 견딜 수가 없었다. 조금 후련했고, 숨쉬기가 훨씬 수월해졌다. 그리고 그날 밤 돌아가신 아버지가 힘들어하는 딸의 마음을 읽으셨는지 꿈속에서 내게 화해를 시도하셨다. 그리고 밝은 빛 한 줄기가 하늘로 오르더니 '쨍–'하며 하늘에 박혀 반짝이는 별이 되는 것을 보았다. 아버지는 깜깜한 밤하늘에 반짝이는 별로 남으셨다. '사람이 죽으면 그 영혼이 하늘에 올라가 별이 된다.'고 하셨던 아버지의 말씀이 떠올랐다. 그렇게 아버지는 하늘의 별이 되셨다.

어린 시절, 아버지라는 이름으로 행해지는 일에는 식구들이 딴지를 걸지 못했다. 그냥 어른이 하신 일이니까. 이해하고 받아들여야 한다는 생각이었다. 그렇게 불만을 안고 미움을 키우며 살아왔는지도 모른다. 어른이 된 지금, 그때 아버지께서 하신 일들을 조금은 이해할 것 같다. 그러나 지금 생각해 보면 난 부모 앞에서 한없이 이기적인 생각을 하고 있었던 것이다. 부모님은 늙지 않고 항상 젊은 그대로 계실 줄 알았다. 그리고 내가 필요로 할 때까지 살아계셔서 내가 요구하면 무엇이든 들어주어야 하고, 내가 부르면 언제든지 달려와야 하는 분이 부모라고 생각했다. 이런 어리석은 내게 아버지와의 이별은 큰 충격이었고, 그것은 마치 내 허락도 없이 아버지가 반칙을 하셨다고 떼를 쓰는 것과 같았다.

그러나 '침묵하고 있을 때는 마음이 넘치지만 말을 하려고하면 텅 빈 느낌이다.' 라는 루쉰의 말처럼 겉으로 표현이 늘 미숙하셨던 아버지는 자녀들의 이런 이기적인 마음을 채워주지 못해 늘 미안한 마음으로 사셨다는 것을 나중에 알았다. 당신의 방식으로 자녀들을 사랑하셨던 것이다. 아버지는 늘 묵묵히 제 자리에 서 있는 거목(巨木)인 것을. 가족을 위해 비바람을 막아주며 생채기 나고, 아픔과 눈물을 삭이는 거목인 것을 그때를 몰랐던 것이다. 눈물의 수업시간에 '아버지의 뒷모습(背影)'이란 작품에서 가난한 아버지가 대학생이 된 아들을 만나고 돌아가는 뒷모습을 바라보며 작가는 아버지의 사랑을 이야기 했다. 그리고 아버지를 잃은 제자는 산소에서 아버지를 그리워하며 속으로 얼마나 울었을까! 한편, 나는 아버지에 대한 회한(悔恨)의 눈물을 흘렸다. '보고 싶다.'라는 말은 '사랑한다.'는 말의 소박한 표현이라 하던데 오늘따라 유난히 하늘의 별이 되신 내 아버지가 보고 싶다.

국화꽃과 서생원 (鼠生員)

사건은 밤에 일어났다. 아침에 출근해보니 교무실이 술렁거렸다. 조그맣게 핀 꽃이 앙증맞아 뭇시선을 받으며 자라던 예쁜 국화꽃이 댕강 잘려나가고 말았다. 그 대신 꽃대와 푸른 잎사귀만 밋밋하게 남아있었다. 저지른 소행을 추적한 결과 서생원의 짓거리가 틀림없다고 입을 모았다. 교무실 여기저기서 소란이 일었고 혹시 또 다른 소행은 없는지 각자의 책상주변을 살폈다. 아니나 다를까. 잘린 보라색 국화 꽃송이가 컴퓨터 책상의 마우스패드위에 살포시 놓여 있었다. 어제 저녁, 빈 교무실에서 서생원은 여유만만하게 분탕질을 쳤던 것이다. 꽃송이를 댕강댕강 끊어 한 곳에 어여쁘게 모아놓은 것이 마치 누군가에게 꽃을 고이 바치는 느낌이었다. 이런 어이없는 행위를 두고 '어젯밤 그 녀석이 사람을 알아본다.'느니 하며 아침부터 한바탕 농담이 오고갔지만 썩 상쾌한 느낌은 아니었다. 당장 서생원 소탕작전이 시작되었다.

녀석이 다닐만한 길목에 덫을 놓기도 하고, 녀석이 좋아할만한 먹이로 꾀어 보았지만 번번이 허탕이었다. 다음날도 그 다음날도 여전히 서생원은 출입을 해서 몇 개 남은 국화꽃 화분에서 꽃송이만 똑똑 따서는 마우스패드위에 고이 놓아두고 갔다. 며칠에 걸쳐 국화꽃이 수난을 당해 더 이상 녀석이 해코지할 만한 국화꽃은 남아 있지 않았다. 그런데 이번에는 설란화분의 하얀 꽃과 빨간 꽃이 댕강 댕강 잘려나가고 화분은 볼썽사납게 변해 있었다.

왜 하필 꽃일까! 하며 서생원이 꽃을 좋아하는 이유를 제각각 한마디씩 했다. 썰렁한 교무실 분위기를 그나마 밝게 해 주던 화분들이 꽃송이 없는 꽃대만 남아있는 볼품없는 밋밋한 모양새가 되고 말았다. 이제 더 이상 분탕질 칠거리가 없어지자 이번에는 비누를 갉아 먹었다는 것이다. 꽃과 비누, 공통점은 향기가 난다는 것이다. 그렇다면 잡식성인 그 녀석이 향기에 이끌려 뻔질나게 드나들며 이런 소행을 저질렀던 것인가? 학기 초의 바쁜 와중에서도 서생원의 소행이 심심찮은 화제가 되었다. 그리고 결국 그 녀석은 덫에 걸렸다. 향이지하 필유사어(香餌之下 必有死魚) 향기 나는 미끼 아래 반드시 죽은 고기가 있다는 뜻이다. '향기 나는 꽃은 두고두고 여럿이 봐야지. 어쩌자고 겁도 없이 달려들어 까불다가 쯧쯧.' 통통하게 살찐 그 녀석의 주검을 두고 또다시 한마디씩 했다.

서생원이 향기에 이끌려 왔든 멋모르고 들어왔든 아무튼 그 녀석이 출입한 이유를 따져보게 되었고, 위생문제를 다시 한 번 점검하게 되었다. 그리고 국화꽃의 향기가 누군가를 끌어들였다고 볼 때, 분명 그 조그마한 국화꽃도 자신이 이 세상에 존재하는 최소한의 의미를 갖게 되었다. 그러나 나는 '사람마다 풍기는 향기가 있는데 과연 나는 어떤 향기를 풍기며 사는가.'하는 고민을 하게 된 것이다. 어떤 이는 '사람은 누구나 가슴에 향기를 품고 태어난다. 잘난 사람은 잘난 사람대로, 못난 사람은 못난 사람대로. 향기로운 사람은 함께 마주보고 있는 것만으로도 행복하고, 멀리 있으면 늘 그리운 사람이다. 이 얼마나 축복받은 인생인가. 나는 오늘도 그런 사람을 만나고 싶다'고 쓰고 있다. 나도 다른 사람에게 그리움의 대상이 되고, 행복한 마음을 안겨 주는 향기로운 사람이 되고 싶다. 그리고 그런 사람을 만나고 싶다.

향기는 거짓으로 꾸민다고 되는 것이 아니다. 학생들을 가르치다 보면 대개의 경우 그 학생들이 어떤 가정에서 성장했는지, 어떤 형편의 삶을 사는지 몇 마디의 말과 행동 하나에서 금방 알 수가 있다. 이처럼 그들의 말 한마디와 작은 몸짓 하나에서 그들만의 향기가 퍼져 나온다. 향기는 숨길 수가 없다. 일상적인 삶 속에서 은은하게 스며 나온다. 그렇기에 늘 자신을 되돌아보고, 점검하는 것이 아닌가. 사람마다 좋아하는 향기가 다를 것이다. 나는 많은 향기 중 새벽에 만나는 이슬 머금은 풀냄새처럼 상큼하고 싱그러운 향기를 가장 좋아한다. 이는 대기(大氣)에 인간의 숨결이 섞이기 전, 아니면 아직 인간의 손길이 미치지 못한 그 오지(奧地)의 순결한 냄새다. 이런 싱그러운 향기보다 더 황홀한 향기가 또 있을까. 어느 봄날, 서생원도 국화꽃의 매혹적인 향기에 반했던 것이 아닌가.

빛으로 가는 길

빛이 있으라 하시니……. 빛의 탄생을 시작으로 천지가 하나씩 창조되는 이 장면을 나는 어릴 때부터 두툼한 성경책에서 수없이 보아왔다. 창조주는 많은 일들 중에 빛을 맨 처음 만드셨다. '빛이 있으라.' 하는 한마디 말씀으로. 이 날이 창조의 첫째 날이다. 말씀으로 천지가 창조된다는 것은 어린 내게 엄청난 충격이었다. 한 마디 말씀으로 태양이 빛나고, 식물이 땅을 뚫고 솟아나고, 숲 속에서는 어슬렁거리는 동물의 울음소리가 들려오는 듯 했다. 그리고 무질서한 혼돈 상태의 우주가 질서를 잡아가며, 아름다운 낙원으로 바뀌어가는 모습을 상상하기도 했다. 그러나 한순간 빛이라 명명(命名)하였기에 빛으로 존재하고, 또한 어둠이라 이름 지어 어둠으로 존재하는 이 놀라운 사건은 내게 존재의 의미를 일깨워주는 신선한 충격이었다.

어린 시절, 친구들과 사물에 '이름붙이기' 놀이를 즐겨했던 것이며, 내 촌스러운 이름을 그래도 좋아해야겠다는 조금은 어른스러움을 갖게 된 것, 내 존재의 소중함을 깨닫게 된 것 등이 모두

이 사건의 영향이었다. 그러나 항상 머리 속에 의문으로 남아있는 것은 왜 하필 그 많은 사물들 중에서 빛을 가장 먼저 만들었을까? 그런 창조주의 의도는 도대체 뭘까? 하는 것이었다. 그러나 이 의문은 성경적인 지식이 부족한 내가 풀 수 있는 것이 아니었다. 그런데 어느 날 환한 빛이 내리쬐는 들판을 바라보며 '참 평화로운 풍경이구나.' 하는 생각을 하게 되었다. 어제도 보고, 그제도 보고, 일주일 전에도 본 풍경인데, 여태껏 깨닫지 못했던 느낌이 어느 순간 내 가슴에 꽉 박혀버렸다. 그리고 곡식들을 따사롭게 보듬고 있는 햇살은 강한 인상으로 오랫동안 남아 있었다. 이렇게 빛은 내게 ' 평온함' 이라는 하나의 의미를 남기고 있었다.

우리는 자신의 삶이 주변을 환하게 비추는 빛처럼 소중한 존재가 되기를 바라며 살아가고 있다. 환한 빛이 내리쬐는 들판을 바라보며 창조주가 첫째 날 만든 빛은 그 다음날, 또 그 다음날에 만들어진 자연에게 생명을 주는 중요한 역할을 한다는 것을 깨달았다. 그런데 어떤 분은 '세상 사람들은 비가 오면 날씨가 나쁘다 하고, 비가 그치면 날씨가 좋아졌다 한다. 계속 해만 내리쬐면 가뭄이 든다하고 비가 많이 오면 홍수다 하고 소란을 피운다. 그러나 우주는 인간을 위해 있는 것이 아니다. 우주의 본체에서 보면 소나기도 태풍도 홍수도 가뭄도 모두 자연현상일 뿐 거기에는 선도 악도 없다. 우주의 진리를 파악하고 있는 자에겐 날마다가 좋은 날' 이라고 말하고 있다. 그러나 나는 환한 빛이 내리쬐는 날이 제일 좋다. 밝아서 좋고, 빛이 있어 너무 좋다.

얼마 전, 동료 한 분이 백혈병으로 어린 조카를 먼저 하늘나라로 보낸 일이 있었다. 그 조카가 떠나는 마지막 날. 한 줄기의 환한 빛이 비쳤고, 그 빛을 따라 걸어가는 조카의 모습을 보았다는 이야기를 했다. 그 분은 조카가 빛을 따라 하늘나라로 갔다는 믿음으로 크나큰 슬픔을 삭이는 것 같았다. 아무리 강한 믿음이 있고, 조카의 영혼이 영원한 안식의 나라로 갔다고 믿을지라도 혈육을 먼저 보낸 남은 자들의 아픔과 슬픔은 어떤 말로도 위로가 되지 않는다. 이때 다가온 한줄기 환한 빛은 그 슬픈 마음을 위로하는 창조주의 따뜻한 사랑의 표현이리라. 그리고 창조의 첫째 날 만들어 진 빛은 인간에게 평안과 위로를 주려는 그분의 간절한 사랑임을 이제야 알았다.

객토(客土)

논을 갈아엎는다. 이는 기운(氣運)이 소진(消盡)된 땅에 새로운 힘을 보태는 작업이다. 연초록의 잎눈이 싹틀 무렵, 땅심을 기르기 위해 논을 깊이갈이하거나 그것도 모자라면 다른 곳의 기름진 흙을 갖다 넣는 객토(客土)를 한다. 출퇴근길에 진한 속살을 드러내고 무기력하게 너부러져 있는 논바닥을 본다. 이는 대지(大地)에 뿌리박고 선 나무나 논밭에서 자라는 곡식들이 다 자연의 사랑으로 자라듯이, 인간도 자연을 사랑하고 있다는 것을 보여주는 셈이다.

어린 시절, 시골에서 자란 탓에 인간이 자연을 얼마나 사랑하는지를 내 아버지를 통해 알았다. 그때는 정말 자연이 좋아하는 방식으로 농사를 지었다. 논바닥에는 미꾸라지와 논고동이 마음 놓고 자랐으며, 어린 우리들은 벼이삭 사이로 팔딱이는 메뚜기들을 잡느라 벼논을 휘젓고 다녔다. 퇴비를 만들 때 나는 쾌쾌한 냄새를 맡으며 자연이 숨 쉬고 있는 모습을 눈으로 보고, 가슴으로 느끼며 자랐다. 그리고 논바닥을 깊이 갈아엎어 땅의 기운을 북돋아주는 풍경을 종종 보았다. 그러나 요즈음은 화학

비료를 뿌려 수확량을 늘리기에 바쁜 나머지 진정으로 땅을 사랑하는 모습은 참으로 보기 힘든 형편인데, 오늘 깊이갈이를 한 논바닥을 보고는 내심(內心) 반가웠다. 아마 이 논의 주인은 순수한 농사꾼으로 진정 땅을 사랑하는 농부이며, '쉼의 여유'를 누릴 줄 아는 빈마음의 소유자임에 틀림없을 것이다.

논바닥이 완전히 뒤집혀 있는 모습을 보면서 가끔 우리 삶도 저렇게 송두리째 솔직한 모습을 드러내 놓고, 삶의 밑바닥에 자리 잡은 삶의 응어리들을 점검해보는 것은 어떨지. 늘 무엇에 쫓기듯 살고 있는 우리들의 일상에 '내려놓음'의 시간이 필요 할 것 같다. 이는 산과 들의 나무들이 한겨울 땅 속에서 쉼을 갖듯, 우리의 지친 몸을 추스르고, 피곤한 삶에 활력(活力)을 불어넣는 값진 시간이 될 것이다. 쉼의 여유를 누릴 줄 아는 지혜로운 농부는 분명 '느림의 미학'을 몸소 실천하고 있다고 할 것이다. 이는 몇 십 년이 지나도 변할 줄 모르는 생활 방식과 사고의 견고한 부분들이 좀 더 부드러워지고 말랑말랑해 간다는 증거가 아닌가.

그런데 요즈음 우리들의 삶은 많이 지쳐있다. 다행스런 것은 이기적이고 탐욕스런 우리가 이제 무거운 짐을 내려놓으려 하고 있다. 예를 들면 하동이 녹차사업으로 슬로시티로 인정을 받았고, 제주도 올레길이 관광 상품으로 인기를 모으고 있다는 것만 봐도 그렇다. 이는 서두르지 않고 시간에 맡겨 놓으면 우리 삶이 스스로 농익어 더 크고 좋은 것으로 만들어진다는 것을 이제 안 것이다. 그리고 엄마 품을 찾듯 자연과 함께 하는 법을 배우고 있다. 자연은 엄마 품이다. 우리가 힘들고 지칠 때, 고향의 어머니를 찾듯 우리의 지친 삶을 내려놓고 쉴 수 있는 곳은 자연이 아닌가. 그 자연 속에는 자연스러움이 존재한다. 자연스러움은 이 세상에서 가장 아름다운 모습이다. 그리고 인간이 흉내 낼 수 없는 조물주의 창조원리인 것이다. 오늘, 자운영이 소담스럽게 피어있는 들녘을 바라보며, 창조주를 닮아가는 지혜로운 농부의 환한 얼굴을 그려본다.

가을 부케

들국화가 소담스럽게 피어 있다. 그 들국화는 밝은 보랏빛을 띤 쑥부쟁이다. 들판에 나가면 흔하게 볼 수 있는 보랏빛 들국화가 마치 한 아름의 꽃다발을 들고 서 있는 청초한 가을의 신부(新婦) 같다. 하얀 나무울타리 곁에 다소곳이 서 있는 모습이 영락없이 수줍은 색시다. 이 보랏빛 꽃으로 인해 머쓱했던 나무 울타리가 화사한 모습으로 바뀌며 생기가 돌았다. 꽃과 하얀 나무울타리가 서로 어울려 신비로운 아침 이슬처럼 영롱한 분위기를 만들어냈다. 예쁜 신부가 한 묶음의 꽃다발을 가슴에 안고 조용히 말을 하며, 걸어오는 듯 했다.

그 모습을 한 폭의 투명한 수채화로 그린다면 정말 멋질 것 같았다. 그래서 욕심을 내기로 했다. 그림 그리는 재주는 없는데, 마음이 앞섰다. 제목은 '가을 부케(bouquet)'로 정했다. '붓 가는 대로 그려보리라.' 생각하며 용감하게 덤벼들었다. 평소 맑고 투명한 수채화에 마음이 사로잡혀 있던 터라, 하얀 종이에 스케치를 얼른 끝내고, 막막한 마음으로 죄 없는 종이만 뚫어지게 쳐다보고 앉아 있으니, 어린 시절의 부끄러운 한 장면이 떠올랐다.

내 어린 시절은 평화로웠다. 방과 후의 시간은 완전 자유였으니까. 학교를 마치고 집에 오자마자 책가방을 마루에 달랑 던져 놓고는 곧장 밖에 나가 친구들이랑 해 질 때까지 노는 것이 일이었다. 그때 어린 우리들의 놀이터는 마을 뒤에 있는 야트막한 언덕이었다. 그 언덕에 오르면 동네 어귀가 보이고, 사방이 탁 트여 있어 참 좋았다. 그리고 이름 모르는 풀꽃들이 지천으로 피어 있어 온 천지가 꽃밭이었다. 계집애들은 한 무리의 나비 떼가 되어 나풀거리며 풀꽃들을 꺾곤 하였다. 각자 한 움큼의 꽃을 꺾어 꽃반지랑 꽃시계를 만들어 조그마한 손목에 걸고 키득거리며 좋아했다. 특히 화관(花冠)을 머리에 쓰고, 꽃다발을 만들어 가슴에 안고 신랑 신부 놀이를 할 땐 영락없는 꼬마숙녀였다. 머리에 쓴 화관과 가슴에 다소곳이 안긴 꽃은 꼬마 숙녀인 우리 마음을 진지하게 만드는 마력(魔力)이 있었다. 장난스럽게 시작한 신랑 신부놀이가 어느 순간 진정(眞情)한 분위기로 바뀌는 바람에 부끄러워 당황했던 기억이 있다.

가을 부케! 조용히 마음속으로 읊조려 본다. 청아한 신부가 꽃다발을 안고 서 있는 모습이 떠오르며, 신(神) 앞에 조용히 무릎 꿇는 경건한 마음이 생긴다. 아마 '부케'라는 낱말이 마음에 파장을 일으켰던 것이리라. 우리는 가끔 눈에 보이는 현상이나 상황으로 인해 우리의 생각이나 마음이 변하는 것을 알 수 있다. 어린 시절 화관과 부케로 인해 부끄러웠던 경험처럼. 그리고 매일 바지를 즐겨 입던 선머슴 같은 계집애가 치마를 입는 순간 요조숙녀같이 얌전해지는 것처럼 분위기에 매료된다.

꽃도 저마다 풍기는 매력과 어울리는 계절이 있다. 보랏빛 들국화가 여름에 피어 있다면 어떨까? 결코 가을에 핀 들국화에서 느낄 수 있는 신비롭고 청초한 모습은 아닐 것이다. 이는 들국화 고유의 매력 때문일 것이다. '꽃마다 풍기는 분위기가 다르고, 어울리는 계절이 있는 것처럼 우리 인간도 저마다 어울리는 자리가 있지 않을까?' 하는 생각을 해 본다. 순간 난감하고 조금은 심각해진다. 그러나 분명한 것은 내가 있어야 할 자리는 어디인지 알 것 같다. 그것은 내가 즐겁게 일하며 행복을 가꿀 수 있는 곳. 그 곳이 내가 있어야 할 자리다. 창조주가 인간을 만들 때는 우리의 삶이 행복하기를 바라셨을 터이니. 행복은 노력으로 키워나가야 하는 것. 그래서 즐거운 마음으로 물을 흠뻑 머금은 붓으로 스케치한 종이에 '쓰-윽' 채색을 해봤다. 어두움 부분을 찾아 농밀(濃密)한 색으로 색칠을 해 들어가니, 밝은 부분은 저절로 드러났다. 보랏빛 들국화가 하나씩 살아나고, 꽃이 생기를 얻었다. 어두운 부분이 그윽하고 깊은 맛을 낸다면 밝은 부분은 햇살이 환하게 비친 산뜻한 분위기를 만들어 냈다. 우리 삶도 그림의 명암처럼 어둔 부분으로 인해 밝은 부분이 더욱 빛나는 것이 아닌가. 내 인생도 잘 색칠하여 살고 싶다. 오랫동안 심혈(心血)을 기울인 덕분에 나의 '가을 부케'는 그렇게 신비로운 보랏빛의 청초한 가을의 신부를 닮아갔다 그리고 지금 우리 집 거실에 걸려 있다.

색깔 입는 계절

‘이 가을을 마음껏 누려라. 놓치면 다시 일 년이란 시간을 기다려야 하지 않는가.’ 저마다 한 마디씩 하면서 산으로 몰려갔다. 울긋불긋, 사람들도 단풍을 닮았다. 들뜬 마음이 빨간 단풍물이 되어 얼굴로 삐져나온다. 아무리 감추려 해도 어쩔 수 없다. 얼굴마다 ‘난 행복합니다.’ 라고 적혀 있다. 행복한 얼굴은 바라만 보아도 더불어 행복해진다. 신(神)은 이 가을 우리에게 행복을 선물하셨다. 외국인 친구가 그랬다. 과거는 역사(history)이고, 미래는 신의 영역인 미스테리(mistery)이고, 그리고 신(神)은 우리에게 ‘현재를 즐기라’며 오늘을 선물한 것이란다. 그래서 현재를 선물이라는 뜻이 담긴 프리젠트(present)라고 한단다. 듣고 보니 그럴싸했다. 그래서 나도 늘 쫓기듯 살아오던 삶에 잠시 브레이크를 밟고 섰다. 옆도 보이고, 가을이 벌써 떠나려고 한다는 것도 알아차렸다. 이 가을 들어 처음으로 즐거운 쉼을 가졌다.

차창 밖으로 본 풍경은 창조주가 주신 멋진 선물이다. 황금벌판과 울긋불긋 물든 산야(山野)는 온통 황금빛으로 반짝거렸다.

가을이 노랗게 물들고 있었다. 황금을 뿌려놓은 듯 반짝이는 가을은 마술을 부리듯 사람의 마음을 풍요롭게 한다. 바라만 보아도 마음이 넉넉해진다. 이토록 아름다운 자연을 마음껏 즐길 수 있다는 것이 얼마나 행복하고 감사한 일인가. 소동파는 적벽부(赤壁賦)에서 '천지간의 온갖 것들은 물건마다 다 주인이 있으니 진실로 내 것이 아니라면 터럭만치라도 취해서는 안 될 것이다. 오직 강가의 맑은 바람과 산야의 밝은 달은 귀로 들으면 소리가 되고 눈으로 보면 색이 되어, 가져도 금할 이 없고 써도 다하지 아니하니, 이는 조물주의 무궁무진한 곳집이요. 나와 그대가 함께 즐거워할 것이로다.' 라고 말하고 있다. '가져도 금할 이 없고 써도 다하지 아니하니' 조물주가 이 아름다운 자연을 우리에게 거저 선물로 주신 것은 분명하다. 마음껏 누려도 누구하나 탓할 사람 없으니 좋다. 자연은 '귀로 들으면 소리가 되고, 눈으로 보면 색이 된다.'는 표현이 정말 가슴에 와 닿는다. 또한 이런 멋진 자연이 제철마다 색깔을 바꿔 입는다는 것이 얼마나 놀라운지.

계절의 첫 시작인 봄은 설렘의 계절이다. 나뭇가지마다 여린 새순이 뾰족하게 내민 모습은 첫사랑을 만나듯 설렘과 흥분이 있다. 움츠렸던 생명들이 기지개를 켜는 봄의 색깔은 연한 녹색이다. 이는 마치 여린 생명들이 있으니 조심하라고 보내는 조물주의 신호 같다. 귀여운 노랑과 부드러운 녹색이 적절하게 섞인 것 같은 봄의 색깔은 부드럽고 달콤한 느낌을 준다. 부드러운 연록의 새싹들이 따사로운 햇살을 만나 세상을 익혀 나가는 계절이다. 봄의 식물들은 살짝만 건드려도 부러질 것 같은 연약한 생명들이기에 조물주는 색깔을 통해 경고신호를 보낸다. 노랑과 연한 녹색의 산야 덕분에 우리 마음은 설레기도 한다. 반면, 여름은 강한 정열의 계절이다. 뜨거운 태양을 견디며 연약한 식물들은 무성해진다. 연록의 새싹들은 그윽한 녹음(綠陰)을 만들며, 여름 햇살을 받으며 점점 농익어 간다. 푸른 산야와 바다, 이글거리는 태양이 솟구치는 여름은 붉고 푸른색으로 바뀐다. 그리하여 여름은 정열적이며 에너지가 넘치는 빛깔이 된다.

황금색은 가을의 색깔이다. 가을걷이를 마친 농부가 수북이 쌓인 수확물을 흐뭇하게 바라보는 것처럼 가을은 넉넉함이 있다. 아울러 일 년 동안 수고한 댓가(代價)를 걷어 들이는 계절이며 흥겨운 축제의 계절이다. 그러나 수확을 마친 겨울은 고독한 계절이며, 성찰의 시간이다. 오랜 동면(冬眠)을 준비하고, 칩거에 들어가는 시간, 온 사방은 고요하고 침묵에 휩싸인다. 사방에 더러운 것을 덮어주는 하얀 눈은 조물주가 '눈처럼 깨끗한 마음을 닮아라. 욕심을 버리고 마음을 비워라.'는 의미로 우리에게 보내는 선물인 것이다. 겨울은 순결한 색과 침묵의 색이 함께 머무르는 계절이다. 이렇듯 봄, 여름, 가을, 겨울 사계절이 있어 좋다. 그런데 이 가을, 산마다 넘쳐나는 등산객들로 자연은 심한 몸살을 앓고 있으니 이를 어쩌나.

제3부
그때의 그 기억

지리산 둘레길을 걸으며

지리산은 속내를 깊이 감추고 있었다. 불볕더위로 온통 지쳐갈 무렵, 지리산에 갔다. '친구 따라 강남 간다.'고 멋모르고 따라간 산은 내겐 호락호락하지 않았다. 지리산을 멀리서 쳐다보며 '참 단순하고, 별 어려울 게 없겠구나.' 하는 생각을 했다. 그러나 생각 없이 산 속에 들어서는 순간, 산의 기운에 압도되어 한 방에 무너져버렸다. 숲 속의 잔잔한 바람에 넋을 잃고, 때로는 흐르는 계곡의 물소리에 시간이 멈춰버린 듯 했다. 매번 갈 때마다 봉우리와 골짜기 이름을 묻는 나를 은근히 나무라지만, 워낙 길눈이 어두워 한두 번 간 곳은 분별을 못하는 것을 어쩌랴.
여름 산과 가을 산이 다르듯 내가 찾아갈 때마다 상황이 달라져 있으니 기억할 수가 없다. 봄비가 내리는 날 찾은 골짜기의 몽환적인 분위기와 햇볕이 내리쬐고 살랑바람이 부는 날의 지리산이 어떻게 같을 수 있으랴?

이번에는 숨 가쁘게 산을 오르는 것이 아니라, 둘레길을 걷는다고 했다. 이번 지리산 둘레걷기는 「지리산 자연학습원」에서 주관한 환경 연수 프로그램의 일정에 포함된 것인데, 난 놀기 삼아 참여한 것이었다. 연수(研修)는 쉬웠다. 그냥 천천히 걸으면 된다고 했다. 그래서 천천히 걸었다. 숲속 길을 시간에 몸을 맡기고, 솔바람 친구삼아 걸었다. 소나무가 뿜어내는 상쾌한 향기가 내 피부에 내리꽂히는 느낌이었다. 알싸한 사탕을 톡 깨물었을 때, 입 안 가득 번지는 상쾌함. 지리산과의 기분 좋은 만남이었다. 고개를 넘고, 소박한 마을을 만나고, 들길을 지나 이웃 마을을 향해 걷고, 그렇게 천천히 걸었다. 산은 우리에게 쉬엄쉬엄 가라고 했다. 가다가 쉼터를 만나면 부침개 안주삼아 동동주 한잔에 목을 축이고 쉬었다 가면 된다. 계곡에 발 담그고 앉아 숲 사이로 보이는 파란 하늘 한 번 쳐다보면 피곤은 어느새 사라져 버린다.

지리산은 아무나 받아들이지 않는다. 마음을 비운 자, 마음의 여유가 있는 자만을 허락한다. 천천히 걸으며 사방을 둘러보고, 한 마디씩 간섭을 해야 한다. 숲속 길가에 핀 꽃을 보고, 이름을 묻고, 풀꽃에 얽힌 사연을 들었다. 풀 숲 사이에 핀 주홍색 바탕에 까만 점이 박힌 나리꽃을 오랜만에 보았다. 어릴 때 수없이 봤던 나리꽃을 이렇게 힘들게 만나니 반가울 수밖에. 또 청산별곡을 외우면서 그렇게 궁금했던 머루랑 다래를 직접 보기도 했다. 그렇게 하나씩 풀꽃과 사귀면서 갔다. '알면 사랑하게 된다.'고 했던가. 노루 오줌풀이라는 희한한 꽃도 만나고, 사라져 버린 줄 알았던 호랑나비도 보고, 그렇게 노닥거리며 걷다보니 자연히 내가 만나는 풀꽃 하나하나가 예쁘게 느껴졌다.

거대한 산은 다양한 생명들을 품고 있었다. 눈에 잘 띄지도 않는 작은 생명뿐 아니라 지리산에 반해 아예 산 속으로 들어와 사는 털보시인까지 보듬고 있는 것이다. 지리산이 사랑하는 것을 나도 사랑할까보다. 어느 순간 나도 환경 애호가가 된 느낌이었다.

사실, 나는 환경에 별 관심이 없었다. 환경에 대한 내 관심의 수준은 머리로는 이해하지만 가슴으로 느끼지 못한 상태였다. 그런데 이번 둘레길 걷기를 통해 지리산이 품고 있는 생명들에 관심을 가지게 되었다. 환경에 관심을 갖는다는 것은 생명에 관심을 기울인다는 것이다. 비록 사랑하는 방식이 서툴더라도 표현할 필요가 있다는 생각이 든다. 지리산은 생명 사랑의 증거물인 셈이다. 그 깊은 속내를 이제는 조금 알 것 같다. 숲 속 길을 벗어나 뒤를 돌아보니 고개고개 넘어 온 힘든 산이 마치 어려움을 견디고 살아온 우리 인생의 고개를 보는 것 같았다. 지난 온 인생에 대한 격려를 보내고, 그 힘듦을 이겨낸 자신에게 환희의 박수를 보내고 싶었다. 그리고 마을과 마을을 잇는 들길이 보였다. 꼬불꼬불한 들길은 '불면 꺼질 듯이 외로운 들길'이었고, 층층이 계단을 만든 다랭이논은 자연이 마련한 도화지 위에 인간이 그려낸 한 폭의 수채화였다. 텃밭의 옥수수는 더위에 한껏 지쳐 허연 수염을 힘없이 늘어뜨리고 있었다. 담장 옆에 멀대처럼 쭉 뻗은 해바라기는 따가운 햇살이 부담스러운지 고개를 푹 숙이고, 8월의 시골마을은 오수(午睡)에 졸고 있었다. 다만 동구 밖에 버티고 선 커다란 당산나무만이 눈을 부릅뜨고 마을을 지키고 있었다. 그 그늘 아래, 나그네 된 우리는 지친 몸을 쉬었다.

철새, 만남의 약속

낙동강 줄기에 있는 동남내륙지역의 최대 철새도래지인 주남저수지를 찾았다. 그곳에는 겨울을 지내기 위해 찾은 손님으로 3만 마리 이상의 가창오리와 세계적인 희귀조로 알려진 재두루미, 노랑부리저어새, 흰꼬리수리를 비롯하여 230여 종이 넘는 다양한 철새들이 찾아와 겨울을 보내고 있었다. 그리고 이곳은 "철새들의 낙원", " 철새들의 천국" 또는 "새들의 살아 있는 자연사 박물관"이라는 애칭으로 불리고 있다. 이 멋진 저수지가 황량한 겨울 추위에 떨고 있었다. 저수지는 가장자리에 얇은 살얼음을 껴안고 힘겹게 겨울을 지나고 있었다. 따뜻한 햇살에 하얀 꽃을 피우던 자라풀과 어리연꽃. 그리고 노란 꽃을 앙증맞게 선보였던 통발, 보랏빛 꽃이 온통 가시에 싸여있던 가시연 등 이런 수생식물은 오랜 숙면(熟眠)에 들었는지 보이지 않아 너무 아쉬웠다. 수생식물들도 휴지(休止)기간이라 청록(青綠)색이 없는 겨울저수지는 참 썰렁했다. 그래서인지 찾는 사람들도 적었다. 드문드문 보이는 구경꾼들도 겨울햇살을 맞으며 느긋하게 둑길을 걷고 있었다. 한겨울의 고즈넉하고 평화로운 모습이었다.

둑길을 걸으며 바라본 겨울 저수지는 마치 일시 멈춤의 상태인 것처럼 움직임이 없었다. 새떼들도 사람들이 방해할까 봐 멀찍이 자리 잡고 재네들끼리 놀고 있었다. 멀리 모래둔덕에 모여 있는 철새들은 해바라기를 하는지 영 움직이질 않았다. 저들이 누리는 고요한 평화를 깨지 말자는 의도로 인간이 배려할 수 있는 최소한의 예의는 저수지 둑에 억새풀로 엮어놓은 가림막이 전부였다. 그런데 철새 탐조(探照)를 위해 전망대에 설치된 망원경을 통해 바라본 그들의 모습은 고요한 정지(停止)가 아닌 바쁜 움직임의 연속이었다. 바쁘게 움직이는 철새들의 작은 동작들이 렌즈에 포착된 것이다. 머리를 처박고 물속에서 무엇을 열심히 찾는 녀석, 멍한 모습으로 해바라기를 하고 있는 녀석, 두 다리로 총총히 걸어 다니기에 바쁜 녀석들 등. 특히, 모래밭을 유유히 걸어 다니는 흰색의 큰 고니의 우아한 모습과 성큼성큼 걸어 다니며 한 번씩 고개를 깃 속에 부비는 뒤태가 유난히 아름다운 긴 다리를 가진 재두루미의 우아한 걸음걸이는 보는 이의 찬사를 받을 만 했다.

망원경을 이리 저리 돌리는데, 저수지 부근의 무논에서 재미있게 놀고 있는 한 떼의 가창오리 무리들이 렌즈에 잡혔다. 그들의 통통하고 귀여운 모습에 한참 눈길이 머물렀다. 저들은 무엇을 하는지 총총걸음으로 부지런히 움직였다. 마치 수다 떠는 계집애들처럼 조잘거리며 모여 있는 듯 했다. 한시도 가만히 있지 않고, 움직였다. 멀리 보일 때는 마냥 평화롭다고 생각했는데, 가까이에서 보니 치열한 생존경쟁의 현장 같았다. 황량한 겨울 저수지에서 저들이 무얼 건질 것이며, 메마른 들판에서 먹이는 쉽게 구할 수 있을까. 풍성한 계절의 수고보다 몇 배의 힘듦을 겪어야 할 것이다. 그래서인지 이 저수지를 찾아 든 저 생명들이 고맙기만 했다.

그러나 눈에 보이는 것이 전부가 아닌 것처럼 겨울 저수지는 잠잠한 가운데 쉼 없이 움직이고 있었던 것이다. 생명은 땅속에서 새 봄을 기다리고, 물 밑에서도 새싹을 키우고, 뿌리를 튼튼히 살찌우는 작업 등 새로운 생명의 탄생을 위해 끊임없이 노력하고 있었다. 비록 겉보기에는 썰렁하고 아무런 일도 없는 듯하지만, 꼼지락거리는 생명들이 수없이 많음을 발견할 때, 자연의 신비로움에 감탄하지 않을 수 없다. 이렇게 우리는 자연이 인간에게 보내는 신비로운 마력에 흠뻑 빠져들게 되는 것이다. 망원경 렌즈에 잡힌 멋진 재두루미가 성큼성큼 걷고 있다. 이 녀석도 이 겨울을 지내고 저들의 고향으로 돌아갈 것이다. 그리고 내년 이맘때 그리움을 안고 다시 이곳을 찾겠지. 만남, 서로의 마음이 머무르는 곳에 짓는 성(城)인 것이다. 망원경을 통해 그 녀석에게 내 마음을 쏟아 보낸다. 내년에 꼭 다시 만나자고.

그때의 그 기억

해마다 4월이 되면 고향이 생각난다.

'지금쯤 선진공원 벚꽃이 활짝 피었을 텐데.' 하며 마음은 벌써 고향에 가 있다. 올해로 초등학교를 졸업한지 40년 남짓 된다. 그때 코흘리개 꼬맹이들은 이제 오십 고개를 넘긴 중년이 되었다. 반백(半百)의 세월을 지난 동창들의 얼굴을 제대로 알아볼 수는 있을까? 아직도 내 기억 속엔 빛바랜 흑백앨범 속의 단발머리의 소녀이고, 까까머리에 개구쟁이 어린 악동(惡童)으로 남아 있는데. 강산이 네 번이나 바뀐 세월 저쪽의 기억들이 조금씩 떠오른다. 그 중에서 결코 잊을 수 없는 부끄러운 추억 한 조각이 있다. 그 추억 속에 한없이 인자한 선생님 한 분이 지금도 온화한 미소를 띠고 계신다. 그분은 갓 입학한 코흘리개 1학년 담임선생님이시다. 마치 어머니의 품처럼 참 포근하고 넉넉한 성품을 지닌 인자한 분이셨다. 기억의 가장 저쪽에 있는 그 분을 아직도 생생하게 기억하는 것은 아마 그때의 일이 어린 내겐 아주 큰 충격이었나 보다.

1960년대 후반의 사회가 그렇듯 처음 입학했을 땐 우리가 공부했던 교실은 제대로 된 교실이 아닌 나무판자로 된 천장이 아주 높은(?) 흙바닥 교실로 기억된다. 얼마나 숙맥이었든지, '볼일 보고 온다.'는 말을 못해 옷에 실례를 한 부끄러운 기억이 있다. 그런데 다른 친구들이 눈치 못 채게 지혜롭게 처리해주신 선생님의 따뜻한 배려 덕분에 도리어 입가에 살포시 미소를 띠게 된다. 그 덕분에 진정한 사랑 하나를 가슴 깊이 묻어둘 수 있어 정말 행복했다. 그리고 어린마음에도 '나중에 나도 저렇게 인자하고 훌륭한 선생님이 되었으면 좋겠다.'고 생각했다. 지금쯤 아마 팔순이 넘은 백발의 할머니가 되셨을 텐데. 스승의 날이 되면 항상 생각나는 그분께 존경과 감사의 마음을 보내며, 아련한 그리움을 추억으로 오래오래 간직할까보다. 그리고 그 시절, 겨울 날씨는 얼마나 춥고 혹독하던지. 또 손발은 얼마나 시렸던지. 학교가 춥다고 공부도 안 하고 그냥 울면서 혼자 집에 와버린 기억이 있다. 동네에 들어서니, 만나는 어른들마다 '왜 우냐?', '왜 집에 벌써 오냐?' 등 꼬치꼬치 물었다. 그 뒤의 기억은 가물가물하다. 이렇게 철없고 어린 시절의 추억이 봄 햇살처럼 따뜻하게 기억된 것은 너그러운 선생님 덕분이 아니었나싶다.

그런데 요즘 매스컴에서 베이비붐세대가 직장에서 은퇴할 시기라는 말을 듣는다. 그 베이비붐세대에 해당하는 우리가 공부할 그땐, 정말 학생 수가 많았다. 한 교실에 70-80명의 학생이 앉아서 공부를 했다. 콩나물시루처럼 빽빽하게 앉아 수업을 했으니 공부가 제대로 될 리 만무했다. 물론 공부를 열심히 해야 할 특별한 이유도 없었다. 요즘처럼 부모의 극성도 없었고, 입시가 목을 죄는 것도 아니었다. 정말 그땐 그저 열심히 놀고, 집에 와선 숙제하는 것이 공부의 전부였다. 그러나 가난하고 힘든 시절이었지만 마음은 늘 부자였고 행복했던 것 같다.

그리고 아마 3학년 때 쯤으로 기억된다. 선생님의 눈을 피해 수업시간에 내가 한 기막힌 일이 떠오른다. 키가 작은 내가 교실 맨 뒤에 앉아 수업을 들은 적이 있다. 난 앞에 앉은 친구들에 가려 칠판의 글씨도 보이지 않고, 선생님의 얼굴도 제대로 볼 수 없었다. 그래서 짝지랑 생각해 낸 것이 소꿉놀이였다. 책상 밑은 작은 체구의 우리가 들어가 앉으면 딱 좋았다. 짝지랑 마주보고 앉아 키득거리며 선생님 몰래 소꿉놀이에 빠져 나름 재미있는 시간을 보냈다. 신기한 것은 이런 불량학생들이 선생님께 들켜 야단맞지 않았다는 것이다. 그것은 아마 다른 녀석들도 우리처럼 각자 엉뚱한 놀이에 빠져 고자질초차 하지 않았을 것이다. 선생님은 칠판 앞에서 열심히 수업을 하시고, 철없는 우리는 책상 밑에 숨어서 우리의 놀이 공부를 열심히 했다. 그때 몰래한 소꿉놀이를 지금도 잊지 못한다. 철없는 나는 그렇게 어린 시절을 보냈다. 그리고 그 사건은 분명 씁쓸한 사건이지만 세월이 아린 마음을 녹여준 덕분에 이젠 아련한 그리움이 되었다.

이런저런 선생님들 덕분에 교사가 되어 교단에 선지 30년이 넘었다. 우리를 가르쳐주신 선생님들을 한 분 한 분 떠올려본다. 어제처럼 선명하게 생각나는 분이 계신 반면, 안개에 가린 듯 희미한 분도 계신다. 감사한 것은 어린 시절 우리가 꿈을 꿀 때, 거름을 주고 때맞춰 물을 주어 이 사회에 나름의 역할을 할 수 있도록 키워주셨다는 것이다.

해마다 스승의 날이 되면 생각나는 분들이다. 늘 미안하고 죄송하다. 당신들의 얇은 호주머니를 털어 어려운 제자들을 돕고,

마음을 나눈 참 스승이셨다. 그런데 요즈음은 껄끄럽고 민망한 일들이 참 많다. 안타깝다. 그럴 때 마다 철없던 우리를 가르치셨던 참 스승인 그분들이 그리워진다.

밤바다에서

영 소식이 없다. 캄캄한 바다에 낚싯대를 드리우고 앉은 지 제법 시간이 흘렀건만, 물고기들은 어디 갔는지 소식이 없다. 봄철이라 볼락이 잘 잡힌다고 아침부터 가슴 설레며 기다렸는데……. 며칠 전 식탁에서 딸아이가 자기는 생선 중에서 볼락이 가장 맛있다고 했다. 그 말은 들은 우리 부부는 '그래 너는 아주 어릴 때도 볼락을 좋아했었다.'고 말하면서 그러면 아빠가 잡아준다고 약속을 했다. 그리고 주말에 밤낚시를 가자고 했다. 오랜만에 가는 밤낚시라 잔뜩 기대를 하고 왔다. 내가 사는 도시에서 남해바다까지는 한 시간 거리 밖에 안 돼 가끔 낚시를 가곤 했다. 그러나 밤낚시는 정말 오랜만이다. 남편은 낚싯대를 손질해 놓고 밤이 되기를 기다렸다. 그렇게 설렘과 기대로 시작된 가족 밤낚시이다. 낚싯대를 넣기만 하면 볼락이 잡힌다고. 그래서 한 통이나 잡았다고 허풍 떤 남편 친구 말을 믿었던 게 잘못이었다.

몽글몽글한 섬들이 점점이 박혀 있는 남해바다는 깊이 잠들어 있었다. 사방은 캄캄한데 멀리 수평선 따라 불빛들이 둥근 원을 그리며 반짝이고 있었다. 어둠에 둘러싸인 바다는 침묵하고,

우리는 그 어둠속에서 가느다란 불빛에 의지해 시커먼 바다와 마주보고 앉았다. 마치 거대한 우주와 독대(獨對)하고 있는 듯한 묘한 착각에 빠졌다. 가끔 부두에 정박한 어선들이 파도에 휘말리며 삐거덕 소리를 낼 뿐 사방은 적막하다. 캄캄한 어둠 속에서 형광 찌를 응시하며 고기가 물기를 기다렸다. 제일 먼저 딸애의 낚싯대에 소식이 왔다. 조그마한 볼락이 지느러미를 곧추세우고 팔딱거리고 있었다. '이 맛에 낚시하는가 보다' 하며 제법 낚시꾼 같은 말을 하며 으스댔다. 그러고 보니 군데군데 낚싯대를 '휙 휙–' 잡아채는 소리들이 들렸다. 서서히 입질이 시작되었다.

내 낚싯대의 형광 찌도 움찔했다. 신경을 곤두세우고 낚아채니 시커먼 볼락이 파닥거리며 딸려왔다. 묵직한 느낌이 좋았다. 잡은 고기를 들고 싱글벙글하며 남편 곁으로 가니 낚시터에서는 조용조용하란다. 남을 배려하는 의도도 있지만 물고기들이 놀라 도망간다나. 그렇게 심심찮게 물고기가 딸려 올라왔다. 깜깜한 밤하늘에 박혀있던 별들도 조금씩 자리를 옮기고 있었다. 봄밤의 바람은 부드러웠다.

바다는 흐르는 시간 속에 조용히 침묵에 잠겨 있고, 바다에 몸을 담근 섬들도 침묵하고 있다. 나는 가끔 오늘처럼 온전한 침묵 속에 나를 내려놓을 수 있는 시간을 갖기를 바랐다. 즉 '일상의 잡다한 생각들이 침노할 수 없는 시간. 그런 시간이 있다면 좋겠다.'고 생각해 왔는데, 밤바다와 대면한 이 시간, 오로지 나를 위한 시간이 주어진 것이다. 이제 더 이상 낚시에 신경 쓰지 않고, 그저 이 캄캄한 공간 속에 조용히 앉아 휴식을 갖는 것이다.

인간은 자연과 소통할 때 가장 평화롭고, 편안하다. 창조주는 당신이 만드신 자연 속에 인간을 위해 곳곳에 행복의 씨앗들을 심어 놓으셨다고 했다. 나는 창조주가 주신 작은 평화를 이 밤바다에서 누리고 있다. 그리고 그 자연에 조용히 귀 기울이고 있다. 어둠 속에 잠긴 바다가 내게 다가와 말을 건다. '바다는 항상 혼자 서 있는 섬이 안타까워 운다고. 그래서 비 오는 날이면 바다도 섬도 웅웅거리며 서럽게 울부짖고, 먹빛 바위섬이 등 푸른 바다 허리 위에 올라앉아 부대끼며 살아온 억겁의 세월동안 바다는 섬을 닮아가고, 섬은 바다를 닮아간다.'고. 멀리 비치는 불빛에 일렁거리는 깜깜한 밤바다는 칠흑에 묻혀 도대체 그 색깔을 알 수 없다. 파도에 수없이 부딪혀 섧게 우는 바다는 쪽빛으로 멍들어 바라보는 이의 마음을 심란하게 하고, 찬란한 아침해로 붉게 이글거리는 아침 바다는 우리를 환희에 젖게 한다. 은빛 꽃비늘로 반짝이는 한낮의 바다는 보는 이를 감격케 하고, 밤바다는 목 놓아 우는 서러움도 말없이 받아준다. 외로운 섬을 닮은 바다는 오늘도 넉넉한 마음으로 '천하의 많은 할 말이, 천상의 많은 별들의 반짝임처럼 바다의 밤물결 되어' 찬란하게 빛나고 있다.

여름이 남긴 일기

내 젊은 시절, 극장에서 영화를 보고 나오면서 같이 간 친구가 생뚱맞게 '낙동강에 가자'고 했다. 왜? 라며 쳐다보는 나에게 '빠져 죽으러.' 라는 황당한 말이 그 친구의 입에서 튀어 나왔다. '방금 본 영화를 흉내 내나 보다.' 생각하며 농담인 줄 알고 '나는 싫으니까. 혼자가.'라고 하니 그 친구는 정말 낙동강에 간다며 휑하니 가버렸다. 태양이 이글거리던 어느 여름날. 하늘과 땅이 온통 열기를 뿜는 그 여름날에 우리 집 고양이인 '까미' 가 죽었다. 그 녀석은 여름날의 작열하는 태양보다 더 강렬하게 빛나는 눈동자를 가지고 있었다. 그리고 늘 말썽을 피웠다. 그 녀석이 시장바구니에 얌전하게 담겨져 온 그날은 식구들 모두가 한 번씩 쓰다듬어 줄 정도로 애처롭고 가냘퍼 보였다. 그래도 긴 수염을 달고 앙큼스럽게 앉아있는 모습이 제법 의젓해서 이름 짓는 데도 꽤 논란이 있었다. 결국 색깔이 까맣다고 색깔에 맞춰 이름 짓자고 하시는 할머님의 의견에 예쁘다고 '미(美)'를 덧붙여 '까미'라고 부르게 되었다. '야옹'하고 목청을 가다듬고는 어슬렁어슬렁 마당을 활보하는 조그만 그 녀석의 모습이 제법 그럴 듯

해 온 식구가 귀여워하고 사랑하게 되었다. 그러니 그 조그만 녀석의 기(氣)가 슬금슬금 살아나기 시작했다. 이 집 저 집 마구 쏘다니면서 가끔 실례를 하는 고약한 버릇이 그 녀석의 까만 털과 이글거리는 눈동자 속에 숨어있었던 것이었다. 어떤 때는 제삿상에 올라갈 고기 덩어리를 물고 오기도 하고, 빨갛게 피 묻은 생쥐를 꺼억꺼억 씹으며 당당하게 걸어올 때는 아연실색(啞然失色)해 질 수 밖에 없었다. 이 못된 버릇은 계속되어 이웃의 눈총을 받게 되었다. 이렇게 못된 개구쟁이 그 녀석이 하루는 힘없이 축 늘어져 있었다. 그렇게 팔팔하던 기질은 다 어디 갔는지 반짝거리던 눈동자는 너무 슬퍼보였고, 금방이라도 눈물이 뚝, 뚝, 떨어질 것만 같았다. 뭔가 애원하는 듯한 눈빛으로 바라보았지만 그때는 이미 늦어있었다.

그 녀석이 죽은 것은 어디까지나 그 녀석의 오만(傲慢) 탓이지 누구의 잘못도 아니었다. 식구들이 주는 먹이나 잘 먹어치웠더라면 아무 탈이 없었을 것을. 그 날은 태양도 조금 슬퍼해 주는 것 같았다. 그 녀석을 통해 죽음이란 정말 슬프고 아픈 것이라는 것을. 그리고 생명은 무릇 미물일지라도 소중하다는 것을 다시 한 번 깨닫게 되었다. 우리 집 까미가 죽던 날 막내 동생은 밥 한술 뜨지 않았으니까. 밤늦게 낙동강에 간다고 떠났던 친구한테서 전화가 왔다. '도로 살아왔다'고. 농담인지 진담인지 모르는 상황에서 정말 긴 하루를 보냈다. 여름은 살아서 팔딱거리는 활기찬 계절이지 결코 죽음을 택할 만큼 어두운 계절이 아니다. 불볕더위를 참아낼 건덕지를 찾지 못하고 있던 중에, 뜨거운 태양의 기승을 한껏 누그러뜨리는 것을 발견할 수 있었다. 그것은 다름 아닌 뒷골목 시장에서 퍼져 나오는 목소리들이었다. '목이 터져라.'고 외쳐대는 곳. 길바닥에 얼마 안 되는 물건들을 늘어놓고 그 앞을 지나가는 손님들을 애절한 눈길로 부르는 우리네 가난한 여인들. 리어카에 소복이 담긴 풋고추가 뙤약볕에 자꾸만 시들어가는 게 안타까워 몇 번이고 하늘을 쳐다보는 아주머니. 온 시장 바닥을 헤매고 다니며 물건을 파는 상이용사 아저씨.

아무리 뜨거운 태양일지라도 그곳에서는 아무런 소용이 없었다. 게슴츠레한 눈, 비틀거리는 걸음걸이의 어떤 술 취한 아저씨의 손에는 부인이 파는 풋고추 하나가 들려 있었다. 그 곳은 술주정꾼 남편을 그래도 사랑하는 지어미를 만날 수 있는 곳. 생명이 얼마나 소중하며 자신들에게 맡겨진 몫을 감당하며 열심히 살아가는 참 삶의 모습들은 정말 아름답다는 것을. 그리고 난 알았다. 여름은 자유로운 이방인의 천국이요, 시나브로 쏟아지는 태양을 훔치려는 어설픈 거지들의 고향이며, 인류를 해방시키기 위해 최초로 죄를 범한 프로메테우스를 사랑하는 우리의 뜨거운 마음이었음을.

괜찮다

인간은 타인과의 소통의 도구로 언어를 가장 많이 사용한다. 그런데 이 언어에는 사람을 살리는 말씨가 있는 반면, 상대방을 절망하게 하는 말투가 있다. 언어란 이렇게 사람을 살리고 죽일 수도 있는 무서운 힘을 지니고 있다. 나는 많은 말 중에서 내 가슴을 편안케 하는 동시에 가슴 저미게 하는 언어를 만났다. 그것은 부모님께서 항상 하신 '괜찮다.'라는 이 한 마디다. 특히 '엄마는 괜찮다.'라는 이 말은 지금도 내 가슴을 저미게 한다. 어릴 때는 그 말의 속뜻을 제대로 알지 못했는데 부모님이 돌아가신 뒤 늘 내 가슴을 아프게 하는 말이다.

젊은 시절, 객지생활 할 때 감기 몸살이 와도 어김없이 고향의 어머니께 전화로 엄살을 부렸다. 그러면 어머니는 아픈 자식이 안타까워 어쩔 줄 모르신다. 전화선을 통해 들려오는 엄마의 따뜻한 말 한 마디에 기운이 솟았다. 이렇듯 조금만 아파도 미주알고주알 하소연을 한다.

그러나 정작 당신이 아플 때는 자식들이 알까봐 쉬쉬하며 숨기고, 그러면서 늘 괜찮다고 하셨다.

며칠 전 어깨 치료를 위해 정형외과에 들른 적이 있었다. 병원에 오신 분 중에 대부분이 허리나 다리가 아파서 오신 나이 드신 분들이었다. 차례를 기다리며 잡지를 뒤적이며 있는데, 옆자리에 앉은 할머니 두 분이 나눈 대화가 들렸다. '자식들 키우고 공부시킨다고 좋은 세월 다 보내고, 이제는 이렇게 허리가 아파 꼼짝없이 누워 있어야 되니…….'/ '그러게 말이우.'

두 분이 주고받는 말씀에 가슴이 찡했다. 우리네 어머니들은 당신들 몸은 돌보지 않고 자식들 키운다고 이렇게 아픈 허리를 참으셨던 것이다. 어쩌다 자식들이 쉬엄쉬엄 하라고 하면 늘 '괜찮다'고 하신다. 전화로 안부를 물으면 자식들 걱정 끼칠까봐 '괜찮다. 염려 마.' 하신다. 1년에 한두 번 뵈올 수 있는 기회에 그나마 일이 어긋나 못 가게 된다고 전화 드리면 '괜찮다. 바쁜데 안 와도 된다.'고 하시고는 마음은 해 질 때까지 대문 밖에서 서성인다. 그렇기에 어쩌다 전화 한 통 하는 것도 굉장한 인심 쓰듯 한 자식들인지라 부모님 앞에 죄인일 수밖에 없다. 철없던 시절, 내 삶이 너무 힘들어 주저앉아 있을 때, 어김없이 나를 일으켜 세운 말 한 마디가 바로 '괜찮다. 힘내. 그까짓 게 뭐라고.' 하는 엄마의 위로의 한 마디였다. 울음을 토하는 딸의 등을 토닥이며 속으로 슬픔을 삼키고, 딸의 울음 앞에 간장(肝臟)이 녹아내리는 아픔을 참으셨던 것이다.

부모님께서 늘 하신 말씀인 '괜찮다.' 라는 이 말은 우리의 삶이 평화로운 이유가 된다. 이 말 속에는 상대방을 인정하고 격려하는 힘과 당신들의 희생과 헌신을 감당하는 놀라운 마력(魔力)이 숨어 있다. 특히 '엄마는 괜찮다.' 라는 이 말은 자식을 향한 사랑의 또 다른 표현이었던 것이다. '사람은 사랑할수록 더욱 사랑스런 사람이 되고, 사랑은 친절을 낳고, 희망과 자신감을 불어넣을 뿐 아니라 기쁨과 평화를 가져다준다.' 고 한다. 엄마의 주문(呪文) 같은 '괜찮다.'라는 이 말은 철없는 자식을 키운 자양분(滋養分)이었던 것이다. 지금도 귓가에 맴도는 '엄마는 괜찮다. 정말 괜찮다.'라는 이 말은 가슴 아린 그리움이다.

어른이 되어 자식을 키우는 엄마가 되면서 그 옛날 내 엄마가 자주 쓰셨던 '괜찮다.'는 말의 의미를 이제야 제대로 이해할 수 있게 된 것이다. 이제 나도 내 아이들에게 '엄마는 괜찮다.'라는 말을 습관적으로 쓰고 있다는 것을 문득 알게 되었다. 어느새 나도 내 엄마를 닮아가고 있었다.

콩 세 알의 의미

여름, 남해의 한 펜션에서 하룻밤을 지낸 적이 있다. 해 저물 무렵, 마당 한 편에 있는 정자에 앉아 도란도란 얘기를 나누며 더위를 식혔다. 그 때 밭두렁에서 풀을 베는 농부가 내 눈에 들어왔다. 구부정한 자세로 풀을 베는 모습이 왠지 낯설지가 않았다. 그건 어릴 적에 내가 자주 봐왔던 우리 아버지의 모습이었다. 이른 아침, 이슬이 채 마르기 전에 아버지는 꼴망태에 풀을 잔뜩 베 와서는 소들에게 아침먹이로 주셨다. 아버지의 둘둘 말아 올린 바지가랑이는 이슬에 축축하게 젖어 있었고, 고무신 속에는 이슬방울들이 들어갔는지 걸음을 옮길 때마다 삑삑 소리가 났다. 한낮의 뜨거운 햇살을 피해 이른 새벽에 들에 나가 아침 이슬을 맞으셨던 것이다. 그때 아버지의 모습은 시원한 냉수를 들이 킨 것처럼 신선함과 상쾌함을 안겨 주었다.

어린 시절, 가끔 아버지를 따라 논두렁에 콩을 심으러 간 적이 있었다. 아버지는 항상 콩을 심을 때 한 구멍에 콩 세 알을 심으셨다. 한 알은 새가 쪼아 먹고, 한 알은 벌레가 파먹고, 남은 한 알은 수확하여 사람이 먹는다는 것이었다. 결국 전부가 아닌 세 개 중에 하나가 내 것이라는 것이다. 그렇게 자연 속에서 나눔을 실천하셨고, 어린 우리는 아버지를 통해 자연과 나누며 살아가는 법을 의연 중에 배웠다.

그런데, 우리나라 사람들은 나눔에 익숙하지 않다고 한다. 그러나 우리 역사 속 선조들의 삶 속엔 한국 특유의 노블레스 오블리주 정신과 전통이 또렷이 살아있다. 굶주린 주민들을 위해 쌀독을 담 밖에 내 놓아 나눔을 실천한 전남 구례의 문화 류씨 집안이며, 만주에 무력항쟁 기지를 설립하기 위해 전 재산을 처분하고 온 가족이 독립운동을 위해 나선 경주 이씨 집안 등, 이처럼 명문가의 나눔의 정신은 한민족이 고난을 겪을 때마다 다시 일어날 원동력이 되었다. 그러나 이런 선조들의 나눔과 솔선의 정신은 역사의 질곡과 고도의 성장 속에서 끊기고 말았다.

그러나 나는 노블레스 오블리주가 아닌 풀뿌리 서민들의 나눔의 행위에서 희망을 보았다. 해마다 12월이 되면 '딸랑딸랑' 종소리와 함께 구세군 자선냄비가 거리에 등장한다. 나도 구세군(The Salvation army)이라 자선냄비 봉사에 참여를 해 왔다. 이 모금에 참여하는 사람들은 거리를 오가는 평범한 시민들이다. 그들은 스스럼없이 지갑을 열어 지폐 한두 장씩을 빨간 자선냄비에 넣어준다. 그들은 자신의 이름을 내세우지도 않고, 기부금 영수증도 요구하지 않는 그야말로 이웃을 향한 순수한 마음을 나눈다. '빨간 자선냄비를 보면 추운 날씨에 고생하는 어려운 이웃이 생각나서 도저히 그냥 지나칠 수 없다'는 그분들의 말에서 훈훈한 인정을 느낀다. 나눔은 사랑의 표현이다.

사랑을 받아 본 사람이 사랑을 베풀 줄도 안다는 말이 있다. 자선냄비 봉사를 하면서 많은 사람들을 만난다. 한 푼 두 푼 모은

돼지 저금통을 가지고 오는 유치원생을 비롯하여 택시 운행을 하시면서 잠깐 들러 기부를 하시는 마음씨 좋은 택시기사 아저씨, 그냥 천 원 한 장 넣으시면 된다는 말에 '좋은 일에 쓰는데 어떻게 천 원 한 장만 넣을 수 있느냐.'며 지갑을 뒤져서 만원을 꼭 넣으시는 멋진 중년의 신사. 해마다 잊지 않고 큰 액수의 돈을 흰 봉투에 고이 넣어 오시는 노신사분의 겸손함과 품격에서 또 다른 모습의 노블레스 오블리주를 발견하게 된다. 그리고 엄마 손에 이끌려 자선냄비에 천 원짜리 지폐를 넣으며 방긋이 웃는 꼬마와 현장체험을 통해 나눔의 소중함을 가르치는 지혜 있는 젊은 엄마의 아름다운 모습에서 희망을 본다. 적은 것이지만 나눌 줄 아는 이분들이야 말로 바로 우리 사회의 희망을 꿈꾸는 행복한 사람들이다.

콩 세 알의 의미를 알기에 아파트 빈 공간에 땅을 일구어 호박도 심고, 고추도 심으시는 할머니들을 이해하게 되고, 또 그분들을 통해 생활의 지혜를 배운다. 나도 하늘을 나는 새와 하찮은 곤충과 벌레에게까지 나눔을 베푸는 옛 사람들처럼 그렇게 베풀며 사는 멋진 자연인이 되고 싶다.

아이티(Haiti)의 눈물

오늘도 뉴스를 통해 지진으로 피해를 입은 아이티(Haiti) 국민들의 눈물을 보았다. 이 나라는 서인도제도에 있는 흑인공화국으로 이번 지진으로 인구 약 900만 명 중에서 사상자(死傷者)가 300만 명이 넘은 엄청난 재앙을 당했다. 공포와 두려움이 가득한 시민들의 얼굴이며 구호품을 얻기 위해 서로 뒤엉켜 있는 무질서한 모습이 TV화면에 비쳤다. 특히 무너진 잔해 옆에 망연자실한 모습으로 앉아 있는 멍한 얼굴과 눈물범벅이 된 어린 아이의 모습에 가슴이 아팠다. 그런데 이런 혼란한 틈을 타 곳곳에서 약탈이 일어나고 있다는 소식은 우리를 더욱 안타깝게 한다. 어느 누군들 배고픔 앞에서 점잖을 수 있을까마는 이렇게 이성을 잃은 행동에 힘없고 약한 여자들과 어린 아이들이 가장 큰 피해를 입을 것이 분명하다.

지진의 참사(慘事)를 겪은 아이티(Haiti)는 그야말로 아수라장이다. 여진(餘震)의 공포 때문에 수도인 포르토프랭스를 떠나는 필사적인 탈출의 행렬은 육지뿐 아니라 바다에서도 일어나고 있었다. 버스에 대롱대롱 매달린 사람들과 선박의 난간에 위험한 곡예를 하듯 걸터앉아 있는 사람들의 모습에서 저들의 절박한 심정을 읽을 수 있었다. 자신의 고향을 떠나기 위해 필사적인 노력을 한다는 이 아이러니는 분명 슬프고 가슴 아픈 일이다. 그런데 나는 '내 나라가 이런 참변을 당하지 않아서 참 다행이다.' 라는 약간의 이기적인 생각을 하며 신(神)께 감사했다.

며칠 전 모(某) 라디오 프로그램에서 아이티(Haiti) 현장 취재를 마치고 온 기자에게 진행자가 인터뷰를 했다. '아이티 지진 현장에서 어떤 것이 가장 인상 깊었습니까?'라는 질문에 그 때 그 기자는 '지진으로 인해 가족이나 친척이 사망한 경우에 부자들은 그들의 죽음을 굉장히 슬퍼하는 것 같은데, 가난한 사람들은 별로 슬퍼하지 않는 것 같았다. 이런 상황을 보면서 슬픔에도 빈부의 차이가 나는 것 같다는 생각이 들었다.'라는 대답을 했다. 나는 '슬픔에도 빈부의 차이가 난다.'는 이 말에 가슴이 아렸다. 그리고 뒤통수를 한 대 얻어맞은 것처럼 멍했다.

가난한 나라 국민들의 슬픔을 전할 때, 주검을 앞에 두고 넋을 잃고 멍한 표정으로 앉아 있는 모습들을 TV화면에서 가끔 봐왔다. 기쁜 일에는 기뻐할 줄 알고, 슬픈 일에는 슬퍼해야 하는 것이 마땅히 인간이 가져야 할 최소한의 도리다. 그런데 주검을 앞에 두고도 마음껏 슬퍼할 여유가 없는 저들은 얼마나 아플까! 도대체 얼마나 아프고, 얼마나 슬프면 저럴까! 좌절과 절망 속에서 맥 놓고 앉아 있는 저들이 너무 안쓰럽고, 그럴 수밖에 없는 저들의 상황에 기가 막혔다. 죽음을 애도하는 표현을 하지 않는다고 슬픈 마음조차 없는 것은 아니다. 나는 두 손 모아 저들의 아픈 가슴을 위로해 달라고, 그리고 주검조차 슬퍼할 여력(餘力)이 없는 가난한 저들에게 인간이 유지해야 할 최소한의 존엄성은 지킬 수 있도록 도와 달라고 신께 간절히 빌어본다.

산, 그 잠깐의 휴식

아침 출근길이 신난다.

스트레스에 시달리는 직장인이 들으면 이해 못하겠지만, 사실인 걸 어쩌랴. 출근길은 마치 첫사랑 만나러 가는 것처럼 설렌다. 이 짜릿한 행복의 근원은 바로 매일 출근길에 지리산을 볼 수 있기 때문이다. 넉넉한 자세로 앉아 있는 지리산을 바라보면 망설임 없이 달려가 안기고 싶다. 그런 매혹적인 산을 나는 매일 아침 바라보며 출근하니 어찌 즐겁지 않겠는가! 3월 새 학기에 산청군으로 발령이 났다. 그것도 내가 사는 진주시에서 가장 가까운 곳으로 발령이 났으니. 이런 나를 두고 동료들은 복이 있느니, 운이 좋다느니 하며 다들 부러워했다. 시외(市外)라고 하지만 집에서 발령받은 학교까지는 자가용으로 천천히 가도 30분이면 충분하다. 그리고 출퇴근시간에 만나는 산과 들은 그 어떤 보약보다 나를 건강하게 해준다.

그리고 내 눈은 날마다 호사(好事)를 누리고 있다. 창조주는 무채색의 삭막한 겨울동안 작은 생명들을 꼭꼭 숨겨놓으셨다가 봄이 되면 온 천지를 파르스름한 파스텔로 멋진 그림을 그리신다.

마치 연록의 물감을 머금었다가 온 사방으로 한 번 '푸우-'하고 내뿜으신 것 같다. 숨겨 둔 새싹들을 통해 꽁꽁 언 가슴에 작은 희망의 싹을 틔운다. 그 아름다운 솜씨가 얼마나 놀라운지 숨이 멎는 듯하다. 그리고 당신이 그리신 그림이 너무 밋밋할까봐 연분홍색의 진달래꽃을 큰 나무 밑에 점점이 찍으시고, 노란 개나리꽃으로 '죽 -' 한번 선을 그으셨다. 길가에 늘어선 화사한 벚꽃은 봄바람에 치맛자락 날리는 봄 처녀마냥 사람들의 마음을 뒤흔들어 놓는다.

내가 다니는 3번 국도의 봄은 남해에서 불어오는 봄바람 따라 진행된다. 봄도 길 따라 오는 듯하다. 시내를 벗어나 3번 국도에 들어서면 양 편으로 야산과 골짝마다 터 잡은 아담한 시골 마을이 눈앞에 펼쳐진다. 산과 마을마다 피워 올리는 꽃의 종류도 다양하다. 어느 날은 노란 산수유와 홍매화가 담장 너머 얼굴을 내밀고 있더니, 어느 날은 하얀 목련이 아른거리고, 또 어떤 날은 화사한 복사꽃이 눈길을 사로잡는다. 이렇듯 봄은 정말 시시각각으로 모습을 바꿨다. 봄은 설레는 가슴에서 시작된다. 신호등마다 빨간불에 걸려 약간 짜증이 날 무렵 길 양편으로 파노라마처럼 펼쳐지는 바깥 풍경들이 눈에 들어온다. 산을 옆에 끼고 산 속으로 빨려 들듯 달리다 보면 내 몸도 파르스름하게 물이 번지듯 마음이 편안해진다. 거기다 고개 마루를 살짝 넘어서면 지리산(智異山) 천왕봉이 정면으로 눈에 확 들어온다.

겹겹이 포개진 산 능선 멀리 우뚝 솟은 천왕봉은 사방으로 치마폭을 펼치고 앉은 우아한 아름다움을 지닌 어머니 같은 모습이다. 천왕봉을 쳐다보며 내리막길을 달리니 내비게이션이 사고다발지역이니 조심하라고 한다. '바깥 풍경에 넋을 잃고 가는 사람들이 나만 아닌 모양이구나.' 생각을 하며 정신을 차린다.

이렇게 멋진 산을 매일 볼 수 있다는 것은 참 행운이다.

산, 그 잠깐의 만남은 온 몸의 기운을 솟아나게 한다. 내 여고 시절, 교장 선생님께서 하신 말씀 중에 아직도 생생하게 기억하고 있는 말이 있다. 하루는 교장 선생님께서 전교생을 모은 아침 운동장 조례시간에서 껄껄한 목소리를 잔뜩 가다듬고는 70%가 산으로 된 우리나라는 축복 받은 나라라고 하셨다. 그때 우리들은 도대체 무슨 말씀인지 이해가 되지 않는 표정들로 다음 말씀을 기다렸다. 말씀인즉 이 좁은 땅 - 남북한 총 면적 약 22.1만㎢, 남한 면적 약 9.9만㎢, 북한이 약 12.2만㎢ - 에 울퉁불퉁 솟은 이 산들을 펼쳐 놓으면 그만큼 표면적이 늘어나지 않겠냐는 것이었다. 그땐 아 그렇게도 생각할 수 있겠구나! 하며 고개를 끄덕였다. 나이가 들어 조금씩 산을 찾기 시작하면서 그 말씀이 새삼스레 생각났다. 특히 등산할 때마다 '산이 많은 이 땅은 축복 받은 나라는 분명하구나.' 하는 생각이 든다.

옛 선비들도 하인들을 데리고 등산을 다닌 기록들을 보게 된다. 측량을 위해서건 유람을 위해서건 건강을 위해서건 목적은 다르지만 많은 사람들이 산을 찾는다. 그것을 통해 우리는 바쁜 일상에서 잠깐의 쉼을 얻을 수 있다. 내 근무지가 지리산이 위치한 자락에 있으니 날마다 그 산 언저리에 머물다 온다. 공기부터 상쾌해지는 느낌이다. 눈만 들면 보이는 그 산은 변덕스런 인간을 말없이 품어준다. 그런 산을 닮은 사람들은 순(順)하다. 산은 사람을 참 순하게 만드나 보다.

감사(感謝)

내가 존경하는 인물 중에 오프라 윈프리가 있다. 그녀는 가난한 미혼모에게 태어나 할머니의 손에서 자랐다. 그녀 역시 미혼모가 되었고, 아이는 태어 난지 2주 만에 죽었다. 그 충격으로 약물복용 등 삶의 의욕을 잃은 지옥 같은 삶을 살았다. 그러나 지금은 눈부신 존재로 우뚝 섰고, 전 세계의 1억 4천만 시청자를 웃고 울리는 토크쇼의 여왕으로, 영화배우로, 자산 6억 달러의 부자로, 미국인이 가장 존경하는 여성으로, 사람들이 인생에서 가장 얻고 싶다는 인기, 존경, 돈을 모두 가진 여성이 되었다.

세상에서 가장 바쁜 사람 중의 한 사람인 그녀가 하루도 빼먹지 않고 하는 일이 날마다 감사 일기를 쓰는 것이라고 했다. 그녀는 하루 동안 일어난 일들 중 감사한 일 다섯 가지를 찾아 기록한다고 한다. 감사의 내용은 거창하거나 화려하지 않고 지극히 일상적인 일들이다. 예를 들면 '얄미운 짓을 한 동료에게 화내지 않았던 저의 참을성에 감사합니다. 오늘 좋은 책을 읽었는데 그 책을 써 준 작가에게 감사합니다. 유난히 눈부신 파란 하늘을 보게 해 주셔서 감사합니다.' 등 이렇게 감사하는 습관이 오늘날의 오프라 윈프리를 만든 에너지가 된 셈이다.

언젠가 내가 가르치는 학생들에게 자신의 장점 20가지를 써보라고 과제를 낸 적이 있었다. 학생들에게 자존감을 갖게 해 주자는 의도에서 낸 과제인데, 숙제가 어렵다고 난리였다. 이유는 남들에게 자신의 장점이라고 내세울만한 것이 별로 없다는 것이었다. 그러나 과제를 수행한 후의 학생들의 반응은 처음과는 대조적이었다. 자신이 생각해도 신기하다는 표정들이었다. 그들의 장점을 보면 '친구들의 이야기를 잘 들어주는 것, 달리기를 잘하는 것, 시력이 좋은 것, 라면을 맛있게 끓일 줄 아는 것.' 등 사소한 것이지만 생각의 방향을 조금만 바꾸니 장점이 수두룩하다는 것이었다. 이렇듯 긍정의 눈으로 바라보면 누구에게나 장점이 많다는 것을 알 수 있다. 이러한 장점에 자신도 놀라며 그런 장점을 주신 것에 감사하는 마음을 갖자고 했다. 감사하는 마음이 있을 때 진정한 행복을 느낄 수 있기 때문이다.

그런데 감사한다는 것은 생각보다 쉽지가 않다. '범사에 감사하라.'고 하신다. 그러나 감사는 감사할 건덕지가 있을 때는 가능할지 모른다. 그런데 마음에 좌절 있어도, 실패로 인해 슬픔이 내 몸에 가득 차 있을지라도 감사하라는 것이다. 이 절망적인 상황에서 어떻게 감사할 수 있을까. 성경 '욥기'에 나오는 '욥'의 믿음과 감사를 보면서 다시 한 번 그 의미를 되새겨본다. 자신을 완전히 밑바닥에 내려놓고, 무(無)에서 지금의 나를 비교해 보면 가능한 것이다. 그런데 평범한 인간의 끝없는 욕망은 감사하는 것을 허락하지 않는다. 도리어 우리의 환경과 운명을 탓한다. 그러나 인간의 운명을 결정짓는 것은 결코 환경이 아니고, 어떻게 해석하는가에 달린 것이다. 오프라 윈프리의 성공적인 삶은 자신의 절망적인 삶을 감사하는 긍정의 힘으로 해석했기에 가능했다. 결국 감사는 악한 욕망(慾望)을 다스리는 가장 좋은 무기임에 틀림이 없다.

지리산과 씨름하기

지리산(智異山).

그는 내게 늘 당당하고 두려운 존재였다.

그래서 가까이 다가가지 못하고 늘 산언저리에서 맴돌다가 돌아오곤 했다. 그런데 지나간 겨울엔 용기를 내어 지리산에 도전장을 내었다. 이유는 간단했다. 눈 구경을 하기 위해서였다. 내가 사는 남부지방에는 눈 구경하기가 참 힘들다. 다만 지리산 천왕봉에 쌓여 있는 하얀 눈을 먼발치에서 바라볼 뿐이다. 그런데 '올 겨울도 눈 구경 한 번 제대로 못하고 겨울을 보내는가보다' 했는데, 오래간 만에 눈이 내렸다. 시내에는 눈이 금방 녹아 아쉬웠다. 눈 쌓인 산을 바라만 보는 것으로 만족할 수 없어 직접 산에 오르는 모험을 하기로 했다. 내가 사는 곳에서 자동차로 한 시간 거리에 지리산이 있다는 것이 얼마나 큰 즐거움인지! 지루한 일상이 계속될 때, 가끔 지리산 언저리만 빙빙 돌다가 와도 산뜻한 산 정기(精氣)로 인해 한동안 생기가 돌곤 했었다.

혼자 묵묵히 있는 산은 늘 외로워보였다. 그런데 어떤 이가 말하기를 '산은 혼자 있으며, 더 많은 것들과 함께 있다.'고 했다.

외롭게 혼자일 것 같은 산이 그 속으로 들어가 보니 정말 혼자가 아니고 많은 것과 함께 하고 있었다. 눈 위에 어지럽게 찍힌 발자국들이며, 연약한 가지에 대롱대롱 달려 있는 얼음의 결정체며, 매서운 바람이 머물다 간 자리에 햇살이 비집고 들어온 흔적이며, 하얀 눈 밑에 깔려 있는 녹색 식물들의 인고(忍苦)의 흔적들이 사방에 깔려 있었다. 그리고 지난 가을 미처 마무리하지 못한 채 말라버린 열매들이 태연하게 자리를 지키고 있었다. 여럿이 모여 하나가 되어 있었다. 과연 혼자이면서도 외롭지 않을 것 같았다.

목적지는 벽소령이다. 이 고개는 함양 마천과 하동 칠불사가 있는 의신 마을과의 지름길이란다. 임도(林道)는 잘 닦여져 있었다. 길이 평탄하여 그나마 다행이었다. 그러나 2, 3십 센티미터의 눈 속을 헤치며 걷는다는 것이 여간 힘든 게 아니었다. 한 발 한 발 정상을 향해 내딛는 발걸음은 마치 성지(聖地)를 순례하는 순례자의 발걸음처럼 스스로 조심스럽고 경건해졌다. 내딛는 발걸음 하나하나에 온 힘을 실었다. 힘든 싸움이었다. 마치 샅바를 붙잡고 한바탕 실랑이를 하고 있는 씨름 선수라고나 할까. 끙끙거리는 모습이 스스로가 생각해도 참 안쓰러웠다. 산은 결코 호락호락하지 않았다. 그러나 '이 걸음을 멈추지 않는다면 결국 목적지에 도착할 수 있겠지.'하는 마음으로 시간에 맡기고 천천히 걸었다. 걷는 것 자체가 힘들어서 주위를 살필 여력(餘力)조차 없었다. 머릿속이 멍멍해졌다.

산은 우리에게 머리를 비우고, 세상의 잡다(雜多)한 것들은 잊어버려라고 한다. 그리고 하얀 눈처럼 태고(太古)의 순백(純白)으로 돌아가기를 원하신다. 신(神)은 온 우주에 신의 존재(存在)를 감지할 수 있는 작은 표지판을 설치해 놓았다고 했다. 하얀 눈밭을 바라보며 생각해 본다. 과연 그 표지판은 어떤 모습으로 우리 곁에 있을까.

순종하는 사람에게만 잘 보인다는 그 표지판을 나도 발견하고 싶다. 지리산에서 숨이 턱까지 차오르는 힘든 싸움을 하면서도 창조주가 내 가슴 속에 심어 놓은 작은 씨앗으로 자연의 아름다움에 희열을 느꼈다. 그리고 지리산과 한바탕 멋지게 놀았다. 다만 겨울철 입산 통제구역으로 묶여 입산금지구역인 줄도 모르고 올랐다가 벽소령 대피소에서 혼쭐이 났지만, 힘든 싸움을 끝내고 산을 내려올 때는 천하를 다 얻은 것 같았다.

윤동주, 고향에서 그를 만나다

지난 여름, 백두산 다녀오는 길에 길림성 용정시에 있는 대성중학교에 들렀다. 대성중학교 건물을 박물관으로 꾸며 옛 흔적들을 남겨놓았다. 윤동주, 그리고 그의 체포와 옥사에 결정적인 원인 작용을 한 그의 고종사촌인 송몽규 등 독립운동에 투신한 여러 분의 발자취도 함께 알 수 있었다. 윤동주의 자취가 보관되어 있는 고향에서 그와의 만남은 내게 정말 행복한 시간이었다. 고등학교 국어 교과서에 실렸던 〈별 헤는 밤〉을 만나면서 윤동주 시인을 좋아했었다.

'계절이 지나가는 하늘에는/ 가을로 가득 차 있습니다.' 로 시작되는 이 시가 그 때 내 가슴을 먹먹하게 했던 기억이 난다.

별 하나에 추억과
별 하나에 사랑과
별 하나에 쓸쓸함과
별 하나에 동경과

별 하나에 시와
별 하나에 어머니, 어머니.

캄캄한 밤하늘에 반짝이는 별을 볼 때마다 생각났던 구절이다. 윤동주 시인이 태어난 고향, 길림성 용정시 지신향 명동촌. 그는 1931년 명동소학교를 졸업하고, 캐나다 선교사가 설립한 은진중학교를 다니다가 평양 숭실중학교로 옮긴다. 윤동주의 첫 작품은 1934년 12. 24일자로 기록된 〈삶과 죽음〉, 〈초 한 대〉, 〈내일은 없다〉가 있다. 숭실중학교를 다닌 7개월간 15편의 시를 지었으며, 맨 처음 활자화된 시가 〈공상〉이다.

내 마음의 탑
나는 말없이 이 탑을 쌓고 있다.
명예와 허영의 천공에다가
무너질 줄 모르고
한 층 두 층 높이 쌓는다.
무한한 나의 공상-
그것은 내 마음의 바다
나는 두 팔을 펼쳐서
나의 바다에서
자유로이 헤엄을 친다.
황금, 치욕의 수평선을 향하여

-〈공상〉 전문 , 1935년 추정-

숭실중학교에서 '숭실활천'이라는 교지편집에 참여하는 등 문학 활동을 하였다. 이때 문학소년 취향이 관념적이고 상당한 현학적인 취미를 보이는 시들을 썼다. 이 무렵 〈시문학사〉에서 출간한 〈정지용 시집〉에서 많은 영향을 받아 〈조개껍데기〉, 〈비둘기〉 등의 동시를 쓰게 되었다고 한다. 이 시기에 새롭게 시를 인식하고 사회에 눈을 뜬 것이라 할 수 있다. 숭실중학교 재학 당시 마지막으로 쓴 시 〈종달새〉는 밝고 명랑한 세계에 대한 동경과 선망, 현실에 대한 좌절감이 꾸밈없이 잘 드러나고 있다.

종달새는 이른 봄 날
질디진 거리의 뒷골목이
싫더라.
명랑한 봄 하늘,
가벼운 두 나래를 펴서
오염한 봄노래가
좋더라.
그러나,
오늘도 구멍 뚫린 구두를 끌고
훌렁훌렁 뒷거리 길로
고기새끼 같은 나는 헤매나니
나래와 노래가 없음인가
가슴이 답답하구나.

-〈종달새〉 전문(1936. 3)-

당시의 현실에 시인은 '나래와 노래가 없어 가슴 답답하다.'고 말하고 있다. 7개월간 다녔던 숭실중학교가 1936년 3월 신사참배 거부로 폐교가 되자, 다시 고향 용정의 광명 중학교 4학년에 편입한다.

1936년 4월부터 9개월 동안 시 12편, 동시 16편을 썼고, 〈카톨릭 소년〉 어린이 잡지에 5편을 발표하였다. 그때 발표한 동시 '무얼 먹고 사나?'를 살펴보면,

바닷가 사람
물고기 잡아먹고 살고
산골에 사람
감자 구워먹고 살고
별나라 사람 무얼 먹고 사나

–〈무얼 먹고 사나〉 전문– 1936. 10

이 동시에서조차 시의 화자는 '무얼 먹고 살아야 되는지' 걱정하고 있다. 그때 당시의 팍팍한 삶의 모습을 짐작하게 한다. 그리고 이 시기에 쓴 시 중 '양지쪽'이란 시에는 또 다른 모습을 볼 수 있다.

저쪽으로 황토 실은 이 땅 봄바람이
호인의 물레바퀴처럼 돌아 지나고

아롱진 4월 태양의 손길이
벽을 등진 섧은 가슴마다 올올이 만진다.
지도 째기 놀음에 뉘 땅인지 모르는 애 둘이
한 뼘 손가락이 짧음을 한함이여.

아서라, 가뜩이나 엷은 평화가
깨어질까 근심이다.

– 〈양지쪽〉 전문. 1936. 6. 26 –

이 시에 벽을 등지고 양지쪽에 앉아 땅따먹기하는 아이들의 모습을 그려본다. '지도 째기 놀음에 뉘 땅인지 모르는 애 둘이'이란 표현을 통해 안타까운 심정이 조국 땅을 빼앗긴 현실의 모습과 너무 닮아있다.

이렇게 고향에서의 옒은 평화를 누리듯 1938년 연희전문학교에 입학하게 된다. 연희전문학교에서 처음 쓴 시 〈새로운 길〉이 있다. '어제도 가고 오늘도 갈 나의 길 새로운 길'이라 노래하고 있다. 그리고 이때부터 기독교적인 성격의 시를 쓰기 시작했다. 어릴 때부터 기독교 집안에서 자란 시인으로서 기독교 사상이 그의 시에 녹아있음을 알 수 있다. 마태복음 14장 25-33절에 있는 예수와 베드로가 물 위를 걸었던 이적을 바탕으로 쓴, 〈이적〉이 그 대표적이다. 또한 이때부터 민족의식의 구체적인 영상이 담긴 시가 나타난다.

흰 수건이 검은 머리를 두르고
흰 고무신이 거친 발에 걸리우다
흰저고리 치마가 슬픈 몸에 가리우고
흰띠가 가는 허리를 질끈 동이다.

-〈슬픈족속〉 전문. 1938. 9-

슬픈 몸을 흰 저고리, 치마가 가리고 있는 여인은 영락없는 우리 민족 이다. 이렇게 우리 민족을 한 여인의 모습으로 형상화시키고 의인화시켰다.

연희전문학교 문과 2학년 때부터 작품 발표에 신경을 쓰기 시작하였으며 이때 쓴 작품이 〈달같이〉, 〈장미 병들어〉, 〈산골 물〉, 〈자화상〉, 〈소년〉, 〈투르게네브의 언덕〉 등 6편이다. 1941년 무렵, 윤동주는 시 16편, 산문1편과 서시를 합한 18편의 시를 모아 정리하여 필사본 시집〈하늘과 바람과 별과 시〉 3부를 만들어 광명학원 동급생이었던 정병욱과 스승 이양하 교수, 윤동주 본인 각 1부씩 보관한다. 나중에 정병욱에 의해 이 자료가 세상에 알려지게 된다. 그 때 당시, 그의 작품 중, 〈십자가〉, 〈슬픈 족속〉〈또 다른 고향〉 등 일본관헌의 검열에 통과되기 힘들뿐 아니라, 윤동주에게 위험한 일이라 생각한 이양하 교수는 시집 출판을 보류하도록 권유했다고 한다.

1941년 12월 연희전문학교를 졸업하고 그 다음해 일본 도꼬 릿교대학에 입학을 위해 1942년 3월 일본으로 출발하게 된다. 출발에 앞서 윤동주는 시원고를 연희전문하교 친구인 〈강처중〉에게 맡기고 떠난다. 해방 후 강처중은 경향신문사 기자로 근무하면서 윤동주의 시들을 지면에 실어 세상에 알렸던 것이다. 그 덕분에 윤동주의 시가 빛을 보게 된 셈이다. 1942년 4월 도꼬의 릿꾜(立敎)대학 영문과에 입학하여 1945년 2월 옥사 때까지 윤동주는 일본 땅에서 살았다.

일본 땅에서 쓴 시는 현재 5편밖에 없다. 〈흰그림자〉〈흐르는 거리〉〈사랑스러운 추억〉〈쉽게 쓰여진 시〉〈봄〉. 이 시들은 윤동주가 일본에서 친구 강처중에게 보낸 편지 속에 들어 있었던 것이다. 그는 일본 유학중 '조선독립운동'에 가담했다는 혐의로 1943년7월 14일 체포되어 시모가모 유치장에 감금된다.
이에 앞서 그의 사촌형인 송몽규는 이 사건의 중심인물로 지목되어 이미 7월 10일 체포된 상태였다. 윤동주는 그의 나이 만 27세 2개월, 체포된 지 19개월 만에 일본 후꾸오까 감옥에서 옥사하였다. 1945년 2월16일 광복을 몇 개월 앞둔 날이었기에 더욱 안타깝다. 그 사건은 "교또에 있는 조선인 학생 민족주의 그룹 사건"이란 명칭으로 기록되었음을 일본국회도서관 사서인 우지고쓰요시에 의해 발견되어 1977. 12월호 〈사상문학〉에 소개되었다. 1980년 한국유학 온 일본인 '고노오에이찌'의 〈윤동주, 그 죽음의 수수께끼〉란 책에 윤동주가 맞았던 '이름 모를 주사'는 당시 규슈제대에서 실험하고 있던 현장대용 생리실험주사였을 가능성이 있다고 말하고 있다.

윤동주의 장례는 1945. 3. 6 용정 중앙장로교회의 문재린(문익환 목사의 부친)목사가 장례식을 주관하였다고 한다. 우리 민족 언어를 사용하지 못하게 했던 그 가장 암흑의 시기에 젊은 시인 윤동주는 우리의 문자로 주옥같은 시편들을 창작하였던 것이다. 암울한 시대적 상황에서 고향의 여동생에게 '우리 말 인쇄물이 앞으로 사라질 것이니 무엇이나 악보까지도 사서 모으라'고 당부했던 말이 결국 유언으로 남게 된 것이다. 식민시대를 살다간 젊은 시인은 그의 시 곳곳에 그의 고민을 드러내고 있다. 그리고 그런 안타까운 심정을 〈참회록〉을 통해 고백하고 있다.

내일이나 모레나 그 어느 즐거울 날에
나는 또 한 줄의 참회록을 써야 한다.
그때 그 젊은 나이에 왜 그런 부끄런 고백을 했던가.

밤이면 밤마다 나의 거울을
손바닥으로 발바닥으로 닦아보자.

-〈참회록〉 일부 1942.1.24-

'밤마다 나의 거울을 손바닥으로 발바닥으로 닦아보자.'고 고백한 암울한 시대를 산 젊은 지식인의 참회록이 오늘 우리의 참회록일지도 모르겠다. 젊은 시인 윤동주, 그의 삶에서 진심으로 숭고함마저 느낀다.

〈평 설〉

감성적인 언어 감각과 자연 친화

조 병 무
(문학평론가, 시인, 전 동덕여대 교수)

1.

오늘날 다양한 문명과 생활의 방식이 달라짐에 따라 우리의 삶의 사고나 영역도 달라지고 있다. 특히 문학에 있어서는 정서적인 사고의 폭 보다도 인간의 뇌관을 자극하고 황당한 이야기에 몰두하는 경향을 보이고 있다.

이순희 수필가의 작품을 읽는 순간 이러한 염려에서 벗어나도 된다는 안도감을 느낄 수 있다. 체험에서 느끼는 일상의 많은 공감의 정서를 감성적으로 그려 보여 줌으로 언어의 함축은 시적 영감의 세계에 도달해 있다.

우리의 문학작품에서 자연에 대한 애착과 애정은 여러 측면으로 다루어지고 있다. 이순희의 많은 작품에서 지은이가 체험한 세계의 가장 핵심적인 소재가 자연이라는 거대한 풍광에 몰입되어 작품의 큰 틀을 조성해 주고 있다. 자연은 인간이 공유하는 가장 필요조건이면서 밀접한 삶의 공감대이기도 하다.

흔히들 많은 수필 작품에서 지식의 배열이나 특수한 시각의 방향으로 사물을 보려는 경우도 있지만 이순희의 작품에서는 삶에서 얻어진 일상의 체험과 느낌에서 체득한 정서와 감성적 요소를 자연과 함께 교감시켜 그리고 있다. 그뿐 아니라 삶의 진리에 숨겨진 언어의 미적 감각을 적절히 구사하고 있으며, 묘사와 비유에 의해 개인적인 감정을 솔직하게 표현하고 있다.

수필가 윤모촌은 "수필은 짧게 쓰되, 보고 듣고 행한 일에 느낌과 생각이 붙는 글이다. 개인적이고 고백적인 것의 느낌과 생각을 사상이라 해도 되고 철학이라 해도 될 것이다. 다시 말하면 개인적 얘기를 허구로 쓰는 것이 아니고, 진실을 바탕으로 하는 글이 수필의 본질이다. 이 수필의 본질은 인간의 본질이 바뀌지 않는 한 변할 수가 없다.『수필을 어떻게 쓸 것인가』" 이 글에서 보듯이 수필의 본질은 지은이가 말하고자 하는 진실의 고백에 해당하기 때문에 개성이 강한 문학에 속한다. 이순희 수필가의 작품은 이러한 본질을 철저하게 맞추듯 자신이 보고 듣고 느낀 세계에서 체험적인 고백의 문학을 보여주고 있다.

이러한 관점을 보면서 이순희 수필집『어머니, 당신은 누구신지요!』의 작품에 나타난 몇 가지 특징을 정리하면 첫째 자연 묘사의 시적 감성과 정서적인 아름다움이며, 둘째 매 작품의 결말에서 얻어지는 주제의식의 함축을 들 수 있다.

2.

첫째 자연 묘사의 시적 감성과 정서적인 아름다움은 작자의 많은 수필에서 나타난다. 작품「어머니 당신은 누구신지요!」,「겨울밤과 황토방」,「툇마루가 되는 일」,「빛으로 가는 길」,「가을 부케」,

「한여름 밤의 풍경화」, 「지리산 둘레 길을 걸으며」, 「노란 은행잎에 물들다」, 「그리움을 햇살에 묻고」 등 작품에서 자연의 순수한 모습은 물론, 자연이 주는 혜택이 어떻게 인간의 감성을 풍만하게 하는가에 대한 작가의 화답을 들을 수 있다.

작품 「툇마루가 되는 일」에서 우리의 자연 속에 안긴 농촌의 풍광을 보여주는 아름다움은 대나무 숲으로부터 툇마루로 이어진다.

> 앞산에 있는 대나무 숲을 가장 잘 볼 수 있는 곳이 바로 작은집 아래채에 딸린 툇마루였다. 그곳은 누워서도 앞산과 대나무 숲을 볼 수 있어서 좋았다. 툇마루에 누워 있으면 시원한 바람이 막힘없이 통과하였고, 때로는 툇마루에 걸터앉아 집 앞에 펼쳐있는 들판의 곡식들과 이름 모를 꽃들을 보며 지루한 여름의 권태로움에서 벗어 날 수 있어 더욱 좋았다. 비록 퇴락하여 삐꺽거리는 볼품없는 툇마루였지만 그곳은 길을 가는 사람들이 잠시 쉬었다 갈 수도 있었고, 어쩌다 입담 좋게 야스락거리며 풀어 놓은 이야기자락에 넋이 빠져 시간 가는 줄도 모르고 덩달아 새롱거렸던 어린 우리들의 추억이 묻어 있는 곳이기도 하다. (- 「툇마루가 되는 일」 에서)

지금은 사라져 가는 툇마루의 향수 속에서 느끼는 자연의 풍광은 물론 자연과 툇마루가 공존하는 삶의 방식이 우리의 인정과 소통을 가져다 준 추억 속으로 안내한다. 과거 우리의 생활상이기도 한 아래채의 툇마루는 한 세대 집안의 쉼의 공간이기도 하고 대화와 인정을 나누는 소통의 장소이기도 했다. 그 앞에 대나무 숲을 볼 수 있다는 것은 금상첨화요, 들판의 곡식과 이름 모를 꽃들을 볼 수 있는 그러한 툇마루의 전경은 아름다운 자연과의 일체가 되는 곳이기도 했다.

> 어느 날 환한 빛이 내리쬐는 들판을 바라보며 '참 평화로운 풍경이구나.'하는 생각을 하게 되었다. 어제도 보고, 그제도 보고, 일주일 전에도 본 풍경인데, 여태껏 깨닫지 못했던 느낌이 어느 순간 내 가슴에 꽉 박혀버렸다. (-「빛으로 가는 길」에서)

> 창조주는 황금 같은 은행잎은 길바닥에 뿌려주시면서 왜 정작 사람들이 목숨 걸고 모으려는 황금은 뿌려주지 않으실까. 그건 아마 황금에 눈이 멀어 당신이 만드신 자연에는 눈길 주지 않을 인간이라는 것을 미리 아시고 교만의 바벨탑을 쌓을 때, 그 때 이미 결정하신 거겠지. (-「노란 은행잎에 물들다」에서)

위 두 편의 수필 작품에서도 지은이가 대면하는 자연에 대한 원천적인 공감이 나타난다. '빛'에서 '평화로운 풍경'을 인지하게 되고 '은행잎'에서 '인간의 교만'을 찾아내는 것은 지은이가 지니는 정직의 표현이며, 진실한 삶의 여유로움이 보여주는 정신이기도 하다.

수필가 이순희의 작품에서 일상적으로 바라보는 사물의 형상에 접근하는 태도와 철학은 자연과 인간의 일체에서 오는 정서의 접근이며, 자연과의 소통을 위한 자신의 정신적인 바탕이기도 하다. 그것은 지은이가 다루고 있는 자연에 대한 기본적인 태도 자체가 모든 작품에서 증명하고 있다.

또 한 가지 몇몇 작품에서 자연과 어머니와의 관계는 꾸밈없는 순수한 작가의 심성을 그대로 표출하고 있다. 지난날의 어머니에 대한 사랑과 사모는 많은 작품에서 그려지는 대상이기는 하나, 이순희 수필가의 작품에서는 단순한 어머니에 대한 흠모의 대상보다는 자연과의 교감 속에서 그려지는 풍요로움이다.

> 진달래꽃이 소복하게 모여 앙글거리는 모습이 눈부시게 아름답다. 야산에 너즈러지게 피워 올라 소박한 아름다움을 자아내는 그 꽃이 가슴 아려 가던 길을 멈추고 한참을 바라보았다. 화려하지 않으면서도 그윽한 그 모습이 누군가를 참 많이 닮았다고 생각하며 가만히 바라보았다. 그런데 그 연분홍 꽃잎 사이로 팔순이 되신 내 어머니의 풋풋하고 꾸밈없는 모습이 떠올랐다.
>
> (–「어머니, 당신은 누구신지요!」 에서)

진달래꽃의 〈연분홍 꽃잎 사이로 팔순이 되신 내 어머니의 풋풋한 모습〉을 그리워하는 지은이의 심정은 자연과의 동화되는 일상의 정서이며, 지은이의 심적 고백이기도 하다. 작품「얼음 · 땡」에서 〈겨울 바다는 자애로운 얼굴에 미소를 머금고 있는 어머니의 조용한 모습이라 하겠다.〉 작품「객토」에서 〈엄마 품을 찾듯 자연과 함께 하는 법을 배우고 있다. 자연은 엄마 품이다. 우리가 힘들고 지칠 때, 고향의 어머니를 찾듯 우리의 지친 삶을 내려놓고 쉴 수 있는 곳은 자연이 아닌가.〉라는 글에서 보듯 수필가 이순희의 자연과 어머니의 일체는 고정된 자세이기도 하다.

한 편의 수필에서 그리고자 하는 소재와 일치되는 어머니라는 절대자는 지은이에게 와 닿는 영원한 그리움과 일치시키고 있다. 수필의 묘미는 이러한 발상에서 더욱 품격을 두게 된다.

수필이 지니는 작가의 고백은 진실이면서 삶의 언저리에서 일상으로 삶의 대상이기도 하다. 다만 그것이 수필 창작에 있어 지은이 스스로 포괄하는 사고 범위의 철학으로 잠정적인 확신이 있어야 가능하다. 자연과의 소통의 고리를 인간의 생각과 삶의 근원으로 연결했다는 자체가 지은이의 정신적인 모체가 되어 작품으로 나타나고 있다.

3.

둘째 매 작품의 결말에서 얻어지는 주제의식의 함축에서 지은이가 서술하는 작품 전체를 결말로 이끌면서 자신만의 특수한 언어로 종결하고 있음을 볼 수 있다. 수필 작품의 구성에서 지은이가 생각하는 하나의 소재를 전개한 것으로 끝나는 경우가 많은데 이순희 수필가의 작품에서는 전체를 함축하는 결말이 뚜렷하다.

명료한 종결에서 오는 주제의식은 작품의 품격을 높이고 지은이의 주장과 의도를 파악할 수 있는 요인이 된다. 다음과 같이 몇 작품의 결말을 예시해 보겠다.

수필 「겨울밤과 황토방」에서 모잠비크의 열두 살 된 소녀의 사진에서 맨발로 걷는 것을 보면서 흙에 대한 강한 인상에 젖어든다. 지은이는 〈나이가 들어갈수록 흙냄새를 맡고 싶고, 그 냄새가 그립다. 그런데 시골에 가서 살 형편은 못되고, 흙냄새는 그립고 하여 차선책으로 생각해 낸 것이 황토로 지은 찜질 방이다.〉라는 심정은 역시 자연의 황토와 인간의 삶의 지속되는 관련 양상에서 흙으로 돌아가는 인간의 본향을 찜질 방이라는 매체를 통해 그리고 있다.

그 결말에서 "사람은 자연 속에 있을 때 가장 건강하다. 사진 속의 소녀는 비록 맨발이지만 건강미가 넘치는 것은 자연이 그녀를 품고 있다는 증거이다. 그런데 좋은 것으로 몸을 감싸고 사는 우리는 아프다는 말을 입에 달고 산다. 이유는 뭘까. 아마 교만한 인간이 자연을 밀쳐내 버린 후유증일 것이다. 오늘도 나는 부드러운 흙만 보면 맨발로 밟고 싶어 안달이 난다. 조물주가 흙으로 사람을 빚었다고 했다. 그렇다면 인간은 흙에서 왔으니 흙과 가까이 있을 때가 가장 편안하다. 그리고 내가 맨발로 흙을 밟고 싶어 하는 것은 당연한 게 아닌가."라는 결말로 묻고 있다.

말하자면 자연의 절대적인 존재로서의 흙과 인간의 생명과의 연관 관계를 모잠비크의 소녀의 맨발에서 자신의 황토 방에 대한 관심과 흙을 밟고 싶어 하는 심정으로 주제의식을 설정한다.

이러한 지은이의 결말의 주제의식은 퍽 신선하고 언어의 미감을 잘 들어내 준다. 다음의 두 작품에서도 역시 그러한 일면을 볼 수 있다.

> 해가 서쪽으로 기울고 땅거미가 서서히 몰려올 때 장사꾼들은 물건들을 챙긴다. 너절너절하게 흩어진 옷가지며 신발들을 차곡차곡 챙겨 싸늘한 밤공기가 제법 차갑게 느껴지면 서로 아쉬운 듯 작별을 하고 먼지를 일으키며 닳은 버스에 몸을 싣는다. 산 너머 아낙네들은 다소 가벼워진 보따리를 이고, 별이 유난히 맑아 보이는 밤길로 서서히 사라진다. 모두가 떠나버린 빈 장터엔 여기저기 흩어진 잔해들이 소슬 바람에 나풀거리면 시커먼 어둠은 금방 이 모든 것들을 감춰버린다. 마치 아무 일도 없었던 것처럼
>
> (–「시골장날」에서)

> 뿌리 내리기! 이 작업은 천둥치는 침묵이다. 꺼져 가는 생명을 붙잡기 위해 암흑의 땅 속에서 고통을 인내하는 그 외롭고 처절한 몸부림은 생명의 기쁨을 잉태하는 고귀한 몸짓이며, 사랑의 표징인 것이다. 조용한 가운데 폭풍같이 휘몰아치는 아픔이 있음을 알기에 살아있음이 아름답고, 그 살아있음에 감사하게 되고, 그리하여 우리는 행복하게 되는 것이다.
>
> (–「뿌리내리기」에서)

위의 두 작품에서 역시 지은이의 철저한 자신의 주장을 명확하게 제시한다. 수필「시골장날」에서 시골장터에서 보여 지는 삶

의 힘찬 맥박 속에서 그들만의 지속된 형태의 살아감은 우리 인간의 단면으로 나타나는 축소판이기도 하기 때문이다. 지은이는 이러한 삶의 형식인 시골장터에서 우리의 오랜 고유한 인간관계를 바라보게 되고 그 속에서 〈아무 일도 없었던 것처럼〉 파장을 맞이하는 그러한 결론에서 인생의 삶의 정감은 물론 또 다른 정의를 제공해 주고 있다.

수필「뿌리내리기」에서 마삭줄이 야트막한 산자락의 타박한 토양에서 끈질기게 살아가는 생명의 왕성한 모습과 자연의 토양 속에서 뿌리를 내린다는 삶의 모형을 보여준다. 오늘날 이민이라는 이주방법에 의해 타국으로 가서 살아가는 삼촌의 이야기와 더불어 하나의 인간 토양이라는 것은 오늘날 다양화되어 가는 삶이라는 터전과 함께 심각한 형상이 아닐 수 없다. 지은이는 이러한 삶의 뿌리내리기에 대한 철학을 말해주고 있는 것이다. 그래서 그 결말에서 〈폭풍같이 휘몰아치는 아픔이 있음을 알기에 살아있음이 아름답고, 그 살아있음에 감사하게 되고, 그리하여 우리는 행복하게 되는 것〉임을 일깨워준다. 어떠한 생명체든지 삶의 관계는 어떤 지역이나 토양에서 뿌리내리는 자체가 행복임을 알려준다.

4.

이상에서 수필가 이순희의 작품에서 부분적인 특징을 살펴보았다. 지은이의 관심의 대상이 뚜렷하게 들어나는 이번 작품집에서 큰 주제의식을 자연과 사람에 두고 있는 작품이 많았다는 점이다. 특히 자연이라는 생명체의 핵심 부분에 서 있는 인간 행위의 측면에서 그 관계설정은 물론, 지은이가 내면에서 찾아

내려는 공감의식을 다룬 한 편의 실상의 이야기를 통해 더욱 알찬 정서적인 언어감각과 미적 언어 표출이 생견하지 않았다는 점이다. 앞으로 보다 폭 넓은 작품세계를 찾아 자신만의 세계를 향해 노력하기를 바란다.

수 · 필 · 집

어머니, 당신은 누구신지요!

초판 1쇄 인쇄 2011년 11월 7일
초판 1쇄 발행 2011년 11월 10일

지은이 | 이순희
펴낸이 | 양상구
펴낸곳 | 도서출판 채 운 재
주　소 | 서울시 중구 충무로2가 49-8 서울빌딩 202호
전　화 | 02-704-3301
팩　스 | 02-2268-3910
손전화 | 010-5466-3911
이메일 | ysg8527@naver.com

ISBN 9788993829372 03040
정 가 10,000원